Felix Hahn

Die 'Villa der Lilien'

Ein minoisches Gebäude in Amnisos auf Kreta

Bachelor + Master
Publishing

**Hahn, Felix: Die 'Villa der Lilien': Ein minoisches Gebäude in Amnisos auf Kreta,
Hamburg, Bachelor + Master Publishing 2013**
Originaltitel der Abschlussarbeit: Die 'Villa der Lilien' von Amnisos auf Kreta

Buch-ISBN: 978-3-95549-067-6
PDF-eBook-ISBN: 978-3-95549-567-1
Druck/Herstellung: Bachelor + Master Publishing, Hamburg, 2013
Zugl. Humboldt-Universität zu Berlin, Berlin, Deutschland, Bachelorarbeit, März 2012

Bibliografische Information der Deutschen Nationalbibliothek:
Die Deutsche Nationalbibliothek verzeichnet diese Publikation in der Deutschen
Nationalbibliografie; detaillierte bibliografische Daten sind im Internet über
http://dnb.d-nb.de abrufbar.

Das Werk einschließlich aller seiner Teile ist urheberrechtlich geschützt. Jede Verwertung außerhalb der Grenzen des Urheberrechtsgesetzes ist ohne Zustimmung des Verlages unzulässig und strafbar. Dies gilt insbesondere für Vervielfältigungen, Übersetzungen, Mikroverfilmungen und die Einspeicherung und Bearbeitung in elektronischen Systemen.

Die Wiedergabe von Gebrauchsnamen, Handelsnamen, Warenbezeichnungen usw. in diesem Werk berechtigt auch ohne besondere Kennzeichnung nicht zu der Annahme, dass solche Namen im Sinne der Warenzeichen- und Markenschutz-Gesetzgebung als frei zu betrachten wären und daher von jedermann benutzt werden dürften.

Die Informationen in diesem Werk wurden mit Sorgfalt erarbeitet. Dennoch können Fehler nicht vollständig ausgeschlossen werden und die Diplomica Verlag GmbH, die Autoren oder Übersetzer übernehmen keine juristische Verantwortung oder irgendeine Haftung für evtl. verbliebene fehlerhafte Angaben und deren Folgen.

Alle Rechte vorbehalten

© Bachelor + Master Publishing, Imprint der Diplomica Verlag GmbH
Hermannstal 119k, 22119 Hamburg
http://www.diplomica-verlag.de, Hamburg 2013
Printed in Germany

Inhalt

1. Einleitung 1

2. Amnisos 2

3. Die 'Villa der Lilien' 7
    3.1 Räume 10
    3.2 Fassaden 12
    3.3 Bauphasen 13
    3.4 Baumaterialien 15
    3.5 Funde 16
    3.6 Datierung 23

4. Einordnung 27
    4.1 System von Betancourt / Marinatos 30
    4.2 System von McEnroe 31
    4.3 System von Westerburg-Eberl 32
    4.4 Vergleich zu Nirou Chani 33

5. Zusammenfassung 36

6. Abbildungsverzeichnis 37

7. Bibliographie 40

1. Einleitung

Die in dieser Arbeit behandelte 'Villa der Lilien' stellt, aufgrund ihrer qualitativ hochwertigen Architektur und v.a. aufgrund ihrer berühmten Ausstattung mit Fresken, wie dem bekannten Lilienfresko, dem Minzenfresko und dem Papyrusfresko, ein wissenschaftlich und historisch sehr bedeutendes Monument der Minoischen Kultur der Ägäischen Bronzezeit dar.

Da es sich bei der 'Villa' um die Hinterlassenschaft einer für uns vorhistorischen Kultur handelt - weil wir die Sprache, die ihren Schriften (Hieroglyphen und Linear A) zugrunde liegt, nicht verstehen können - ist der archäologische Befund die einzige Quelle und umso wichtiger, für das Verständnis des Gebäudes und seiner Zusammenhänge.

So kann man zum einen anhand der Architektur der 'Villa', die in den Punkten 3.1 – 3.4 behandelt ist, Rückschlüsse auf Zeitstellung (Datierung bei Punkt 3.6), Bedeutung und Funktion des Baues ziehen. Ebenso ist es möglich, Erkenntnisse darüber zu gewinnen durch eine Auswertung der in der 'Villa' gefundenen Reste der Ausstattung und des Inventars. Das sind bei der leider ziemlich fundarmen 'Villa der Lilien' als Bestandteil der ursprünglichen Ausstattung v.a. die Freskenbruchstücke, und als Bestandteil des ursprünglichen Inventars die gefundene Keramik, beide Fundgruppen sind behandelt im Punkt 3.5.

Genauso wichtig wie der archäologische Befund an sich selbst ist die Kontextualisierung desselben in eine zeitliche und kunststilistische Phase der Minoischen Kultur und in den räumlichen und funktionellen Kontext, v.a. also zur Hafensiedlung Amnisos und zum nahebei liegenden bedeutendsten Zentrum dieser Kultur, Knossos (behandelt in Punkt 2). Wichtig ist auch die funktionelle Einordnung (Punkt 4) in den Bautyp minoischer Gebäude, der in der Forschung als „Minoische Villa" benannt wird.

Zu beachten sind die großen Herausforderungen und offenen Fragestellungen, die beim Blick auf den topographischen Kontext der 'Villa der Lilien' auftauchen. So ist z.B. das direkte Umfeld des Gebäudes nicht ergraben und von der minoischen Hafensiedlung Amnisos ebenso auch nur ein Bruchteil einer ursprünglich ziemlich großen Fläche (siehe 2.), außerdem ist aufgrund der unzureichenden Ergrabung auch die Funktion einiger gefundener Gebäude unklar und direkt daraus resultierend bestehen auch Unklarheiten über den Charakter des Fundplatzes Amnisos selbst (Siedlung/Hafen(Stadt/Dorf/Garnison u.a-siehe 2.). Der Bautyp von Gebäuden, den der Terminus „Minoische Villa" definiert (siehe 4.-Einordnung), umfasst eine Vielzahl von Gebäuden unterschiedlicher Funktion, die manchmal nur teilweise vergleichbar sind. Aufgrund dieser Umstände sind der Einordnung des Gebäudes in seinen funktionellen Kontext Grenzen gesetzt. Gleichwohl kann man aus dem Befund sehr wichtige Aussagen über dieses Gebäude treffen, das 3500 Jahre unter der Erde seiner Entdeckung harrte.

2. Amnisos

An der Nordküste der Mittelmeerinsel Kreta, ungefähr 7 Kilometer östlich der heutigen kretischen Hauptstadt Iraklio und direkt an der Küste der Kretischen See gelegen, befindet sich der archäologische Fundplatz der Minoischen Kultur, der Amnisos oder auch Amnissos genannt wird (siehe Abbildung 1). Die zugehörige Region wird Zentralkreta genannt.

Amnisos liegt in einer Ebene, die sich ungefähr folgendermaßen abgrenzen lässt (s. Abbildung 2): im Westen durch den Fluss Karteros, im Süden durch Höhenzüge, im Osten ebenfalls durch Höhenzüge, sowie im Norden durch das Meer, das hier eine Bucht bildet und das ca. 300 m vor der heutigen Strand-Linie entfernt Richtung Norden, eine kleine Felseninsel aufweist. Zusätzlich wird diese Ebene von einem Hügel, der Paliochora- Hügel genannt wird, gewissermaßen topographisch in einen östlichen und einen westlichen Teil gespalten.

Der Archäologe Jörg Schäfer beschreibt diese Landschaftsform als „[...] für die Küstenform des nördlichen Kreta charakteristisch [...]"(1) und äußert zur Siedlungslage, dass Amnisos heute dem geschichtswissenschaftlichen Betrachter wie „[...] ein Glied in der Perlenkette der nordkretischen Küstenstädte [...]"(2) erscheinen kann.

Im Altertum wurde der Fluss, der heute Karteros heißt, Amnisos genannt und die Ebene be-

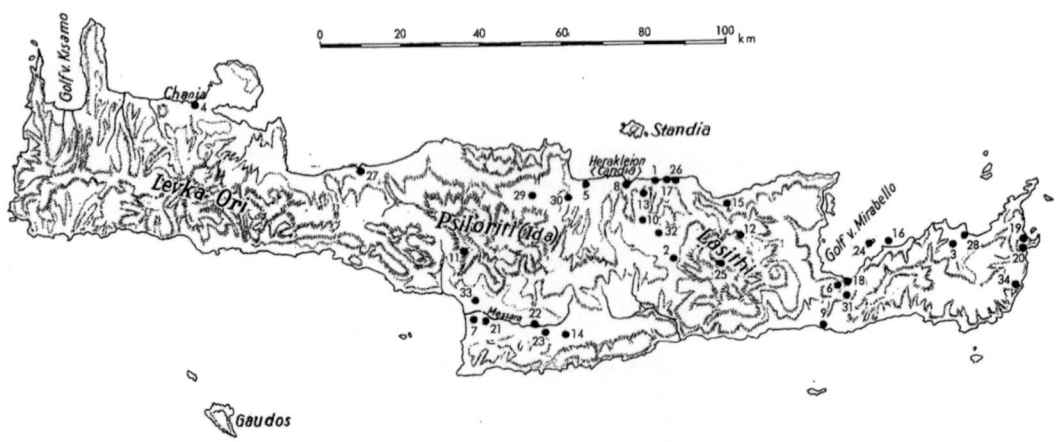

Karte von Kreta mit Eintragung der wichtigsten Gebirge, Orte und Fundstellen: 1 Amnissos; 2 Arkalochori; 3 Chamaisi; 4 Chania; 5 Gazi; 6 Gurnia; 7 Hagia Triada; 8 Herakleion; 9 Hierapetra; 10 Juktas; 11 Kamares; 12 Karphi; 13 Knossos; 14 Kumasa; 15 Malia; 16 Mochlos; 17 Niru Chani; 18 Pachyammos; 19 Palaikastro; 20 Petsofa; 21 Phaistos; 22 Platanos; 23 Porti; 24 Psyra; 25 Psychro; 26 Pyrgos; 27 Rhethymnon; 28 Sitia; 29 Sklavokampos; 30 Tylissos; 31 Vassiliki; 32 Vathypetron; 33 Voru; 34 Zakros.

Abbildung 1: Karte von Kreta

---

(1) Schäfer, Jörg: Amnisos. Nach den archäologischen, historischen und epigraphischen Zeugnissen des Altertums und der Neuzeit. Berlin 1992, Seite 1, Zeilen 3-4

(2) Ebd.; Seite 5, Zeile 8

zeichnete man nach dem Fluss als „Ebene von Amnisos".(3) Diese Ebene bildet vom Meer aus gesehen einen teilweise vor der Gewalt des Meeres geschützten geographischen Bereich mit einem 2km langen Sandstrand und diese Lage direkt an der Nordküste spielt auch eine Rolle bei der von dem griechischen Archäologen Spyridon Marinatos entwickelten Theorie zum Untergang des Ortes. Dieser vermutete einen Zusammenhang zu einer Flutwelle bzw. einem Tsunami, der nach seiner Ansicht bei dem Ausbruch des Vulkans von Santorin aufgetreten war. Südlich von Amnisos befindet sich die Eileithyia-Höhle (siehe Abbildung 2 unten Mitte), die in minoischer und griechischer Zeit eine wichtige Kultstätte war.(4)

Weiter in östlicher Richtung, einige Kilometer von Amnisos entfernt am Meer entlang, liegt die minoische 'Villa' von Nirou Chani (siehe Abbildung 1). Kreta war zu minoischer Zeit flächendeckend relativ dicht besiedelt und die Siedlungen waren wahrscheinlich durch ein Wege- bzw. Strassennetz verbunden, das auch Amnisos einschloss und dem Transport von Waren und anderen Zwecken diente.(5)

Abbildung 2: Amnisos/Karteros. Topographischer Plan. Unterbrochene Linien: Hypothetische Wegführung nach Knosos

---

(3) Ebd.; Seite 1 Zeile 7

4) Marinatos, Spyridon: Kreta, Thera und das mykenische Hellas. Hirmer Verlag. München 1986 (4. Aufl.), Seite 20, Zeilen 22-28

(5) Geiss, Heinz: Reise in das alte Knossos. Prisma-Verlag. Leipzig 1981, Seite 39, Zeile 17-18

In unmittelbarer Nähe zu Amnisos, nämlich nur 7 km in südwestlicher Richtung, befindet sich ein Hauptort und das nach unserem Kenntnisstand ehemals größte Zentrum der Minoischen Kultur, der Palast von Knossos und die minoische Stadt, die den Palast umgeben hat (siehe Abbildung 1). Amnisos muss zu diesem Zentrum, allein schon bedingt durch die geringe räumliche Entfernung und die Zeitgleichheit der Besiedlung, in engster funktioneller, kultureller, gesellschaftlicher, wirtschaftlicher Verbindung gestanden haben.

Die Stadt Amnisos war nämlich eine der Hafenanlagen von Knossos, das selbst nicht direkt am Meer, sondern einige Kilometer landeinwärts liegt. Amnisos war vielleicht der Haupthafen (6), oder ein Nebenhafen. Ein weiterer Hafen von Knossos befindet sich unter dem heutigen Iraklio, der antike Name dieses Hafens ist jedoch unbekannt, auch weil er nicht gut erforscht ist und größtenteils unter der modernen Bebauung liegt.

Ob Amnisos Haupt-oder Nebenhafen von Knossos war, ist somit jedoch nicht endgültig geklärt, zumal in der Literatur auch von einem dritten Hafen gesprochen wird (Hagia Theodorioi), denn es ist insgesamt flächenmäßig zu wenig von der minoischen Infrastruktur ergraben. Das Siedlungsgebiet von Amnisos zum Beispiel umfasst mindestens 200000 m² (7), aber hiervon sind „nur" 5200m² archäologisch erschlossen. Die Einwohnerzahl des minoischen Amnisos ist ebenso unbekannt, es gibt Schätzungen, die ca. 10000 Einwohner vermuten (8).

Die Anlage von Häfen, Städten und Palästen in räumlicher Trennung, aber funktioneller Abhängigkeit voneinander, wirft ein Schlaglicht auf das hohe Entwicklungsniveau der Minoischen Kultur als erste europäische Hochkultur. Es ist ein Niveau, das zu dieser Zeit mit dem von Ägypten, Mesopotamien, Syrien, also anderen zeitgleichen Hochkulturen die Anrainer des Mittelmeeres waren, keinen Vergleich zu scheuen braucht. Die Natur der Minoer als Seefahrer und in einem weiten geographischen Raum, im Mittelmeerraum nämlich, Handel treibende Menschen machte solche komplexen Hafenstrukturen erforderlich. Der Entwicklungsstand der minoischen Ökonomie, der einen umfangreichen Export und Import von verschiedenen Waren über das Meer einschloss, bedingte also zwingend die Errichtung solcher Hafenanlagen zur Abwicklung der anfallenden Arbeiten wie der Abwicklung von Verlade-Vorgängen usw. und für viele andere Zwecke, wie Verwaltung, Instandhaltung und Lagerung.

---

(6) Ebd.; Seite 36, Zeile 32

(7) Schäfer, Jörg: Amnisos. Nach den archäologischen, historischen und epigraphischen Zeugnissen des Altertums und der Neuzeit. Berlin 1992, Seite 336, Zeile 12

(8) Geiss, Heinz: Reise in das alte Knossos. Prisma-Verlag. Leipzig 1981, Seite 36, Zeilen 29-34

In diesem Kontext muss man auch die Hafensiedlung Amnisos und die 'Villa der Lilien' stellen. Die große Bedeutung, die das minoische Amnisos - auch für nicht-minoische Anrainerstaaten des des Mittelmeeres - besessen haben muss, wird auch deutlich durch die Erwähnung des Platzes in zeitgleichen bronzezeitlichen, nämlich ägyptischen und mykenischen, sowie in späteren griechischen Schriftquellen. Konkret handelt es sich dabei um folgende Nennungen:

- mindestens 37mal auf Linear-B Tafeln aus Knossos (als *a-mi-ni-so)* (9), die auf SMIIIB datiert werden. Hier wird die sehr enge Beziehung von Amnisos und Knossos in administrativer und wirtschaftlicher Hinsicht sehr deutlich
- auf einer Stele am Grabtempel des ägyptischen Pharaos Amenophis III., dort direkt hinter Knossos zusammen mit anderen Orten aufgelistet (10)
- außerdem wird Amnisos auch in späterer Zeit, durch die Griechen bei Homer in der Odyssee als wichtiger und ehrwürdiger Platz erwähnt (11)

Unter der Leitung des berühmten griechischen Archäologen Spyridon Marinatos fanden erstmalig in den Jahren 1932-1934 Grabungen in der Ebene von Amnisos statt. Diese führten zur Identifizierung des Fundplatzes als aus den Schriftquellen bekannte antike Stätte Amnisos und es wurden unter anderem folgende Gebäude bzw. Komplexe hierbei ergraben:

- die 'Villa der Lilien' (Grabungsareal A in Abbildung 2), ein repräsentatives Gebäude
- das Brunnenhaus oder fountain building (B), eine große minoische Wasserversorgungsanlage, ein Quellhaus
- das „Megaron" (C), ein minoisches rechteckiges Gebäude unklarer Funktion
- das „Heiligtum des Zeus Thenatas" (D), eine große minoische Struktur unklarer Funktion (Hafengebäude?), in späterer Zeit weiter in Benutzung

Diese Gebäude gruppieren sich um den Paliochora-Hügel, und zwar am Fuß von dessen Nord-und Ostseite. Sie wurden alle in minoischer Zeit erstmalig aufgebaut und genutzt. Teilweise wurden diese Gebäude aber auch schon in minoischer Zeit wieder zerstört, wie z.B. die

---

(9) Schäfer, Jörg: Amnisos Harbour-Town of Minos? In: Robert Laffineur/ Lucien Basch (édités par):"Thalassa. L'Egée préhistorique et la mer." Actes de la 3e Rencontre égéenne internationale de l'Université de Liège, Station de recherches sous-marines et océanographiques, Calvi, Corse, 23-25 avril 1990

(10) Helck, W.: Amnisos in einem ägyptischen Text Amenophis´ III. In: Schäfer, Jörg: Amnisos. Nach den archäologischen, historischen und epigraphischen Zeugnissen des Altertums und der Neuzeit. Berlin 1992, Seite 13, Zeilen 1-3

(11) Marinatos, Spyridon: Kreta, Thera und das mykenische Hellas. Hirmer Verlag. München 1986 (4. Aufl.), Seite 20, Zeile 26

'Villa', die ca. 1500 v. Chr. (traditionelle, kurze Chronologie-siehe 3.6 Datierung) zerstört wurde. Andere Gebäude jedoch wurden auch noch in späteren Phasen und Zeiten, wie z.B. zur Zeit der Zeit der achäischen Okkupation Kretas (ab 1450 v. Chr. - siehe 3.6 Datierung), in den zeitlich anschließenden Phasen, und z.B. das „Heiligtum des Zeus Thenatas" in der griechisch-römischen Zeit genutzt. Das heißt aber nicht, dass es nicht auch schwere Brüche in der Besiedlungskontinuität von Amnisos gegeben haben kann und muss. Nicht umsonst ist diese Ebene ja in historischer Zeit für die Griechen mehr ein Ort der Sage und keine minoische Hafensiedlung mehr gewesen, eben weil fast keine Kenntnis mehr darüber vorhanden war. Es muss also Zeiten gegeben haben, in der die Ebene von Amnisos weitgehend komplett verlassen war und ihre Geschichte zum größten Teil vergessen wurde.

In den Jahren 1963 und 1967 erfolgten wieder Grabungen unter der Leitung des griechischen Archäologen Stylianos Alexiou in den Grabungsarealen E,F,G,H (siehe Abb. 2). Diese brachten Überreste weiterer minoischer Bauten zum Vorschein, z.B. Wohngebäude und Wirtschaftsgebäude wie eine Anlage zum Mahlen von Getreide (12) die in die mittel-und spätminoische Zeit datieren. Die Grabungsareale dieser Grabung liegen in der Ebene zwischen dem Fluss Karteros im Westen und dem Paliochora-Hügel im Osten. Hier hat sich die minoische Hafensiedlung erstreckt. Ein Gebäude der Grabung liegt heute teilweise unter Wasser, bedingt durch die Senkung der Nordseite der Insel Kreta durch geologische Prozesse und Veränderungen des Meeresspiegels des Mittelmeeres über die Jahrtausende. In den Jahren 1983-1985 erfolgten Nachgrabungen der früher ergrabenen Strukturen unter der Leitung von Jörg Schäfer. Hierbei wurden auch die Überreste der 'Villa der Lilien' restauriert.

Insgesamt spiegelt sich die Bedeutung des Platzes Amnisos in der minoischen Zeit auch darin wider, „[…] daß für die neupalatiale Epoche vom Areal A im Osten bis zum Areal F im Westen immer wieder Bauten nachgewiesen sind, deren architektonische Qualität 'palatial' ist."(13) Der Begriff 'palatial' bezeichnet hierbei repräsentative minoische Bauten, die architektonische Elemente aufweisen, die sonst nur bei den minoischen Palästen von Knossos, Phaistos, Malia und Kato Zakros zur Ausführung kamen (wie z.B. Polythyronsäle-"Räume mit vielen Türen").

---

(12) Alexiou, St.: Areale H. G. F. E.: Bericht über die Ausgrabungen der Jahre 1963 und 1967 In: Schäfer, Jörg: Amnisos. Nach den archäologischen, historischen und epigraphischen Zeugnissen des Altertums und der Neuzeit. Berlin 1992, Seite 16, Zeile 12

(13) Schäfer, Jörg: Amnisos. Nach den archäologischen, historischen und epigraphischen Zeugnissen des Altertums und der Neuzeit. Berlin 1992, Seite 343, Zeile 32-34

3. Die 'Villa der Lilien'

Direkt am Fuße des Osthanges des Paliochora-Hügels, nicht weit südlich von der heutigen Strandlinie (siehe Abbildung 3), befindet sich die Ruine des Gebäudes, das heute aufgrund seines Freskenschmucks 'Villa der Lilien' genannt wird. Da das Gebäude sich am Rand eines Hügels befindet, fällt das Gelände dort leicht von Westen nach Osten ab (14). Aufgrund dieser Hanglage wurde der Untergrund im Altertum vor dem Bau begradigt. Diese ist auch ein Grund dafür, dass sich von der östlichen Seite des Gebäudes weniger erhalten hat, denn diese Seite lag sozusagen näher an der Oberfläche des Bodenniveaus und wurde im Lauf der Zeit stärker abgetragen, während der West- und Mittelteil des Gebäudes sich besser erhalten haben, weil sie tiefer unter Material vom Hügel, Sandanlagerungen und anderen Schichten begraben waren.

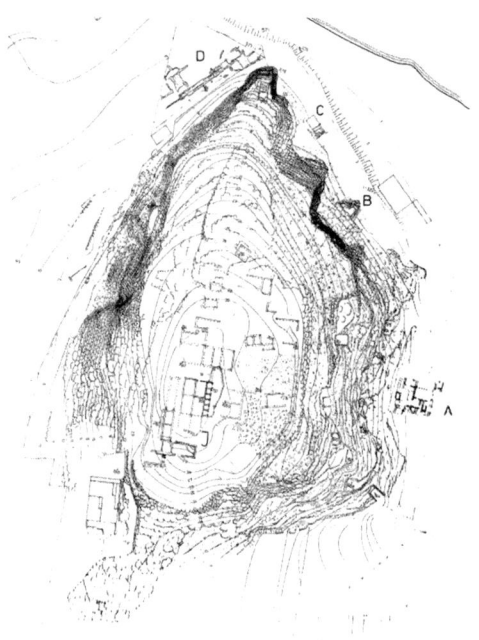

Abbildung 3: Amnisos. Ausgrabungs-Areale am Paliochora-Hügel. M. 1:2000

Auf dem Foto Abbildung 4 erkennt man das, auf diesem Foto ist die schlechter erhaltene Ostseite links (vom Fotografen bzw. Betrachter aus gesehen) und die besser erhaltene Westseite mit höher erhaltenen Mauern etc. befindet sich rechts.

Warum die Erbauer diese Lage wählten, erschließt sich nicht, auch weil das direkt umliegende Gelände nicht ergraben ist. Vielleicht spielte (Wetter-)Schutz eine Rolle, vielleicht auch der

Abbildung 4: Gesamtansicht nach Süden, Zustand 1983/1984

---

(14) V. Stürmer, Areal A: Die 'Villa der Lilien' In: Schäfer, Jörg: Amnisos. Nach den archäologischen, historischen und epigraphischen Zeugnissen des Altertums und der Neuzeit. Berlin 1992, Seite 129, Zeile 1

Kontext zu den anderen minoischen Bauten am Paliochora-Hügel, vielleicht ganz andere Aspekte. Der direkte räumliche Kontext des Gebäudes kann somit nur teilweise erhellt werden. Bei den Grabungen unter der Leitung von Spyridon Marinatos im Jahr 1932, die zur Entdeckung des Gebäudes führten (15), wurde das Gelände in einem Rechteck mit der Seitenlänge von 24 m x 21,5 m Kantenlänge (516 qm) ergraben (16). Dabei kamen 14 Räume (die Räume 1-13 und Raum 16), sowie die westliche, südliche und nördliche Begrenzung zutage, die östliche Begrenzung des Gebäudes war zerstört (17).

Der Grundriss (Abbildung 5), gibt die Räume des Gebäudes wieder (schwarz), sowie Umbauten einer zweiten Phase und nicht zur ursprünglichen 'Villa' gehörige architektonische Reste (zweiteres beides schräg gestrichelt dargestellt).

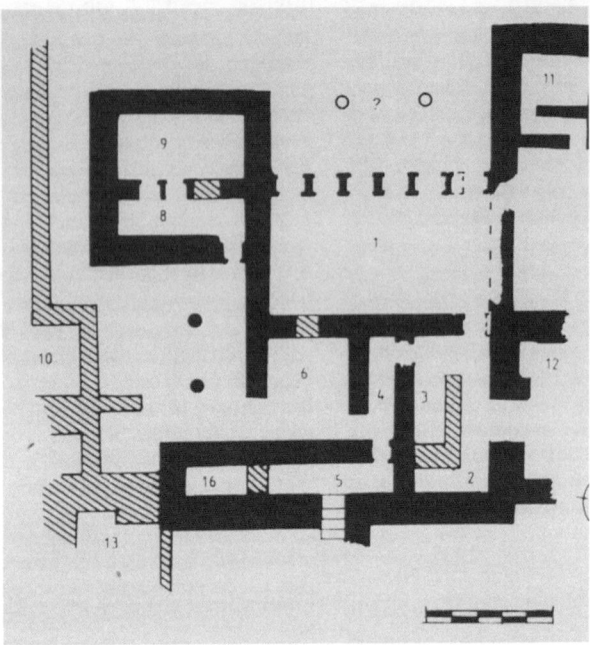

Abbildung 5: Plan der 'Villa der Lilien'-Amnisos

Das Gebäude ist ungefähr entlang den Himmelsrichtungen an einer Achse ausgerichtet, mit einer leichten Abweichung von einer vorgestellten Nord-Süd-Achse.

Von der ursprünglich zweistöckigen 'Villa' waren die Grundmauern und Fundamentlagen, die Fußböden des Erdgeschosses, Säulenbasen, Türwangenbasen, Türschwellen, aufgehendes Mauerwerk von unterschiedlicher Höhe (meistens einigen Dutzend Zentimetern, v.a. im Westteil, siehe Abbildung 4) und weiteres Baumaterial erhalten, sowie verschiedene Reste der Ausstattung wie z.B. die Freskenbruchstücke (siehe 3.5).

Das aus der Neupalastzeit (siehe 3.6-Chronologie der Ägäischen Bronzezeit) stammende Gebäude verfügt, wie schon im Grundriss ersichtlich, über verschiedene besondere Merkmale.

---

(15) Doniert, Evely: Fresco, a passport into the past. Minoan Crete through the eyes of Marc Cameron. Athens 1999, Seite 131, Zeile 4

(16) V. Stürmer, Areal A: Die 'Villa der Lilien' In: Schäfer, Jörg: Amnisos. Nach den archäologischen, historischen und epigraphischen Zeugnissen des Altertums und der Neuzeit. Berlin 1992, Seite 130, Zeile 5

(17) Ebd., Seite 133, Zeile 5

So wird die typisch minoische, kleinteilige und verwinkelte, sozusagen 'labyrinthartige' Innengliederung der Räume (v.a. im Südostbereich bei den Räumen 2-6) durchbrochen durch zwei große Bereiche, die Säulen- bzw. Polythyronarchitektur aufweisen und gepflasterte Vorplätze besitzen (Raum 1, Vorhalle 7a und gepflasterter Hof 7b).

Die 'Villa der Lilien' weist somit eine besondere Architektur auf, die große Fragen hinsichtlich der Funktion des Gebäudes aufwerfen.

Diese Architektur kann man bezeichnen als Element einer minoischen Villenarchitektur oder als Element einer Art des Bauens, die auch in den minoischen Palästen, also in Knossos Phaistos, Malia und Kato Zakros, angewandt wurde, nämlich der schon eingangs (auf Seite 8 unten) erwähnten palatialen Bauweise. Diese weist einen kanonartigen Charakter bei der Ausgestaltung auf und tritt bei der 'Villa' in Amnisos in Erscheinung mit

- der Fassadenarchitektur, d.h. repräsentativ gestalteten Außenmauern (siehe 3.2), in Amnisos noch nachweisbar v.a. an den westlichen und nördlichen Außenmauern und an einem Teil der südlichen Außenmauern
- dem Polythyronsaal, dem „Raum der vielen Türen" (Raum 1), auch „Minoische Halle" genannt, sowie dessen vorgelagerten, mit Schieferplatten gepflastertem Hof
- dem „Lustralbad", einem Raum, der ein tieferes Bodenniveau als die restlichen Räume des Gebäudes aufweist, im nordöstlichen Bereich der 'Villa' (Raum 11, siehe 3.1)
- der künstlerischen Ausstattung mit sehr qualitätvollen Fresken im Obergeschoß (siehe 3.5)
- der Mehrstöckigkeit (Zweistöckigkeit) des Gebäudes, die sich aus der Füllschicht vom Zerstörungshorizont und dem Vorhandensein einer Treppe rekonstruieren lässt
- den Säulenstellung in einem exponierten, besonderen Bereich (Vorhalle 7a und gepflasterter Hof 7b-siehe Abbildung 6)
- der Pflasterung der Fußböden im Gebäude und bei den Vorplätzen nördlich von Raum 1 und bei Eingangsareal 7b, teilweise mit rechteckigen Platten (siehe 3.4)
- dem Einsatz von Fußbodenestrich in verschiedenen Farben zur Dekoration (weiß und rot)

und der insgesamt aufwendigen, einen reinen Zweck-Funktions-Wirtschafts- oder Wohnbau weit überschreitende Bauweise, die einer im Einzelnen leider nicht ganz genau zu erhellenden Funktion gedient haben muss. Das Gebäude gehörte somit zusammen mit anderen Gebäuden, die eine 'palatiale' Architektur aufwiesen, zu den besonderen Bauten der Hafensiedlung Amnisos.

3.1 Räume

Die 'Villa' weist also eine bestimmte Innenraumaufteilung auf (siehe Abbildungen 5 und 6), die mit ihrer kleinteiligen Raumgliederung, die von zwei größeren herausgehobenen Bereichen bzw. Räumen durchbrochen wird, der minoischen Villenarchitektur entspricht. Der Haupteingang des Gebäudes befand sich an der Westseite, am Hang des Paliochora-Hügels. Hier betrat man über den mit 2 Säulenbasen ausgestatteten, repräsentativen und großen Eingangsbereich (Vorhalle 7a und gepflasterter Hof 7b) die 'Villa'. An der Nordseite dieses Eingangsbereiches schloss sich eine Tür oder ein Durchgang an, der zu den Räumen 8 und 9 führte, welche durch zwei Türen voneinander getrennt waren, von deren Aufhängung drei Türwangenbasen in Abbildung 6 zu erkennen sind.

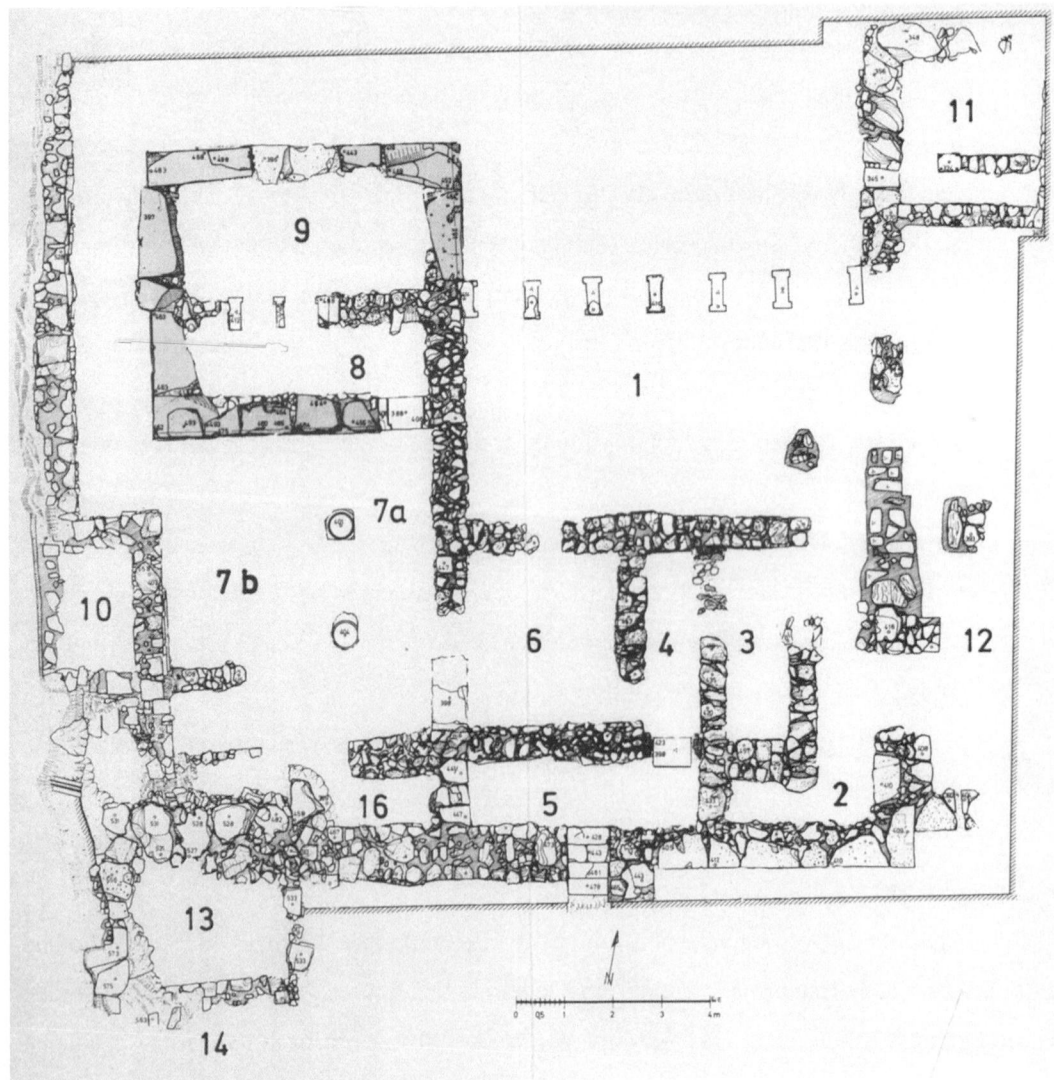

Abbildung 6: Aufgehendes Mauerwerk und Raumnummern

An der Ostseite des Eingangsbereiches befand sich ein Durchgang, der in den Raum 6 führte, und an der Südseite dieses Raumes 6 befand sich ein Durchgang, der zu der Treppe führte, über die man in das Obergeschoss gelangen konnte (Raum 5).

Nördlich des Raumes 6 schloss sich der repräsentative und große Polythyronsaal an (Raum 1). Dieser wird durch 7 Türwangenbasen, die die Aufhängung für die Türen bildeten, in einen äußeren und einen inneren Bereich unterteilt.

Nordöstlich dieses Polythyronsaales schloss sich der „Lustralbad" genannte Raum an, der sich durch ein abgesenktes Bodenniveau auszeichnet (Raum 11).

Südlich des Polythyronsaales befinden sich kleine Räume, nämlich Raum 4, der als Korridor bezeichnet wird, sowie die Räume 2 und 3, die in der ersten Bauphase ursprünglich einen einzigen Raum bildeten (siehe Abbildung 5).

Östlich des Raumes 2 befindet sich der Raum 12, dessen Funktion nicht klar ist, da er größtenteils in seinen ursprünglichen Ausmaßen nicht erhalten ist.

Wieder an der der Westseite des Gebäudes, am Hügelhang, befinden sich die Räume 10 und 13, die ursprünglich ebenfalls nicht zur ersten Phase der 'Villa' gehörten, spätere Anbauten darstellen und in Zusammenhang mit der Hangstützmauer stehen (siehe Abbildung 6 links).

Raum	Beschreibung und Funktion
Raum 1	Polythyronsaal
Raum 2	Küchenraum ?
Raum 3	Treppenschacht in Phase 2
Raum 4	Korridor
Raum 5	Treppenschacht
Raum 6	?
Eingangsareal 7a	Vorhalle und Eingang
Eingangsareal 7b	gepflasterter Hof
Raum 8	?
Raum 9	?
Raum 10	Weststützmauer
Raum 11	„Lustralbad"
Raum 12	?
Raum 13	?
Raum 14	?
Raum 16	Treppenschacht

Tabelle 1: Tabelle Räume und Funktionen

3.2 Fassaden

Ein Hauptelement der minoischen „Villen"-und Palastarchitektur bildete der Bau repräsentativer Fassaden an den Außenseiten der Gebäude. Hierbei ruhten auf Steinbasen große aufrecht stehende rechteckige Steine (Orthostaten), die nach außen hin sehr sorgfältig bearbeitet und aufgebaut waren (18). Bei der 'Villa der Lilien' finden sich

Abbildung 7: Orthostatenarchitektur: Vorne West- und Südwand der Räume 8 und 9, Blick ungefähr von Südwesten

teilweise Reste solcher Architekturelemente. Diese Fassaden gliederten sich in eine Westfassade (Westwände der Räume 8, 9 und 5/16), eine Nordfassade (Nordwände der Räume 9 und 11 und eine Südfassade (nachgewiesen an der Südwand des Raumes 2) (19). Über eine mögliche Ostfassade des Gebäudes ist keine Aussage möglich, weil diese nicht ergraben bzw. nicht mehr existent ist. Diese Seiten des Gebäudes wiesen also Fassadenarchitektur auf, die räumlich vorspringende und zurückspringende Bereiche bildete und so die Außenseiten des Gebäudes gliederte. Dadurch wirken sie optisch nicht nur nach außen, sondern flankieren und begrenzen auch die „Vorplätze", also Eingangsareal 7b und den Bereich nördlich von Raum 1, in einer besonderen Weise. Die Fassaden lassen sich heute allerdings nicht mehr komplett archäologisch verfolgen und die repräsentative Fassaden-Architektur wurde beim Umbau in der zweiten Bauphase der 'Villa' teilweise ignoriert. So wurde z.B an die Westwand des Treppenhauses (Raum 5/16) eine Mauer und ein weiterer Raum angebaut (Raum 13); die Fassade in diesem Bereich ignorierend und optisch zerstörend.

Dies mag mit einem Funktionswechsel oder einer Funktionsbeschränkung in der 2. Nutzungsphase der 'Villa' zusammenhängen, so dass die Beachtung der Fassaden keine Rolle mehr für die Nutzer spielte und repräsentative Aspekte sozusagen ins Hintertreffen gerieten.

---

(18) Westerburg-Eberl, Sabine: Minoische Villen in der Neupalastzeit. In: Erbelding, Susanne [u.a.]: Im Labyrinth des Minos. Kreta - die erste europäische Hochkultur. Biering Brinkmann. München 2000, Seite 88, Zeilen 12-13

(19) V. Stürmer, Areal A: Die 'Villa der Lilien' In: Schäfer, Jörg: Amnisos. Nach den archäologischen, historischen und epigraphischen Zeugnissen des Altertums und der Neuzeit. Berlin 1992, Seite 130, Zeilen 17-21

3.3 Bauphasen

Die 'Villa der Lilien' weist zwei verschiedene Bauphasen auf, die vor allem durch Umbauten und Hinzufügungen gekennzeichnet sind und durch eine schwere Beschädigung des Gebäudes voneinander getrennt werden.

Das Gebäude, das in MMIII errichtet wurde (1.Nutzungsphase, Baudatierung stützt sich auf die Architekturweise und die Fresken (20)), wird am Ende von MMIIIB

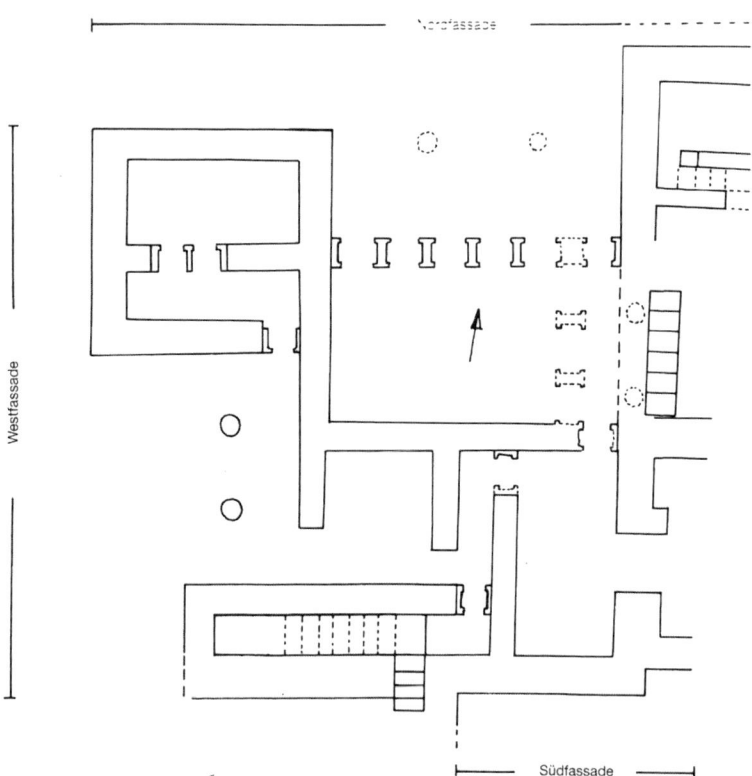

Abbildung 8: Rekonstruierter Grundriß der ersten Bauphase

von einer Erdbebenkatastrophe getroffen, die schwere Schäden verursacht. Anschließend folgt ein partieller Wiederaufbau, teilweise unter Verwendung von Baumaterial der ersten Phase, mit einer Umnutzung und wahrscheinlich Aufgabe der ursprünglichen Raumfunktionen, und es wurde „[...] die ursprüngliche Einheit des Baues aufgegeben und die Fläche am Ende der Nutzungsdauer in verschiedene Wohn- und Arbeitseinheiten unterteilt."(21)

Die 'Villa' hat dann in SMIA Bestand, bis sie am Ende dieser Phase wiederum von einem Erdbeben getroffen, endgültig zerstört und verlassen wird.

Dieses Erdbeben, das die endgültige Aufgabe der 'Villa' bewirkt, steht anscheinend in Zusammenhang mit der Thera-Eruption (22).

---

(20) Marinatos, Spyridon: Kreta, Thera und das mykenische Hellas. Hirmer Verlag. München 1986 (4. Aufl.), Seite 136, Zeile 67

(21) Westerburg-Eberl, Sabine: Minoische Villen in der Neupalastzeit. In: Erbelding, Susanne [u.a.]: Im Labyrinth des Minos. Kreta - die erste europäische Hochkultur. Biering Brinkmann. München 2000, Seite 87 Zeilen 26-28

(22) V. Stürmer, Areal A: Die 'Villa der Lilien' In: Schäfer, Jörg: Amnisos. Nach den archäologischen, historischen und epigraphischen Zeugnissen des Altertums und der Neuzeit. Berlin 1992, Seite 149, Zeile 11

Zu den Baumaßnahmen und Umnutzungen in der zweiten Phase (siehe auch Abbildungen 5,6 und 8) gehören

- die Anfügung der Räume bzw. Mauern 10, 13 und 14, wobei ein Teil der Westfassade zugebaut wurde
- der (Wieder-) aufbau einer Wand als Südwand der Vorhalle 7a und des Raumes 6 (23)
- die Hinzufügung des Raumes 3 (als Treppenschacht) durch Teilung des Raumes 2 (23)
- ein Umbau der Wand zwischen Raum 8 und Raum 9
- die Hinzufügung einer Hangstützmauer an der westlichen Seite des Eingangsareales
- Einbau einer irdenen Feuerstelle in Raum 6

Anscheinend wurde in der zweiten Bauphase auch die Nutzung des Polythyronsaales aufgegeben (24), vielleicht auch die Nutzung des „Lustralbades". Insgesamt ignoriert die zweite Bauphase in wesentlichen Teilen die Struktur der ersten Bauphase, was z.B daran erkenntlich ist, dass eine Westfassade und westlicher Vorplatz (7b) „zugebaut" wurden. Es gab also keinen exakten Wiederaufbau mit den alten repräsentativen Funktionen, sondern eine Umnutzung unter neuen, bescheideneren Aspekten. Dabei wurden der ursprünglich stark repräsentativ wirkende Charakter des Gebäudes dahin gehend geändert, dass nun eine Wohn- und Arbeitsnutzung der architektonischen Gegebenheiten im Mittelpunkt stand. Vielleicht weist das hin auf einen Wechsel der Bewohner (durch Tod der ursprünglichen Bewohner beim Beben ?) oder auf einen Wechsel der gesamtgesellschaftlichen Begebenheiten, oder auf einen Wechsel des Charakters der Hafensiedlung Amnisos. Vielleicht waren Wirtschaftsfunktion und/oder administrative Funktion der Region durch das schwere Beben eine unbekannte Zeit lang gestört, so dass sich die funktionellen Präferenzen für die Nutzung der 'Villa der Lilien' änderten. Es gibt auch die Möglichkeit, dass es sich bei der 'Villa der Lilien', oder sogar bei allen Gebäuden des Bautyps „Minoische Villa" um öffentliche Gebäude gehandelt hat. Unsere heutige Trennung in privat versus öffentlich war den Menschen in der Ägäischen Bronzezeit ja sowieso unbekannt, genau wie die Trennung von Religion und Administration (Regierung, Staat). In diesem Fall könnte also ein „öffentliches" Gebäude beschädigt worden sein, dass danach von „Privatleuten" wieder teilinstandgesetzt und für Wohn- und geringfügig für Wirtschaftstätigkeiten weiterverwendet wurde.

---

(23) V. Stürmer, Areal A: Die 'Villa der Lilien' In: Schäfer, Jörg: Amnisos. Nach den archäologischen, historischen und epigraphischen Zeugnissen des Altertums und der Neuzeit. Berlin 1992, Seite 147, Zeile 1-3
(24) Ebd.: Seite 147, Zeile 19-21

3.4 Baumaterialien

Abbildung 9: große grünliche Schieferplatten vor Raum 1, Blick ungefähr von Nord-

Die verwendeten Baumaterialien bezeugen eine über den funktionalen Bau-Aspekt hinausweisende, in den repräsentativen und ästhetischen Bereich weisende Gesamtarchitektur. An ihnen lassen sich ebenfalls, wie anhand der Räume und der Bauphasen, die Nutzungsunterschiede des Gebäudes belegen. So findet sich in der ersten Phase die Bauweise mit den großen Orthostaten (rechteckigen Quadersteinen) aus Kalksandstein, jedoch in der zweiten Phase die Mauerung mit einfachen Bruchsteinen und kaum Verwendung „exklusiverer" Baumaterialien, außer als Spolien (25).

Zu den für den Bau verwendeten Steinarten zählen Kalkstein, Schiefer, Bruchsteine, Gipsstein und Kalkandstein, die verwendet wurden für die Fundamentlagen, die Fußböden (Bodenbeläge) das aufgehende Mauerwerk, Raumschwellen und Säulenbasen. Einige Steine weisen Mauerzeichen minoischer Steinmetze auf (26).

Zusätzlich wurde eine Reihe weiterer anderer Materialien benutzt. Dabei handelt es sich unter anderem um Lehm für Böden und Lehmziegel für höher aufgehendes Mauerwerk, Holz für die Säulenschäfte und Wandbalken, sowie Kalkestrich zur Verfugung der Bodenplatten (27).

Baumaterial	Verwendung für
Schieferplatten	Böden
Kalksteinplatten	
Estrich	
Lehm	
Bruchsteine	Wände
Kalksandstein (Ammuda-Blöcke)	Wände (Orthostaten). Türwangenbasen
Gips	Türwangenbasen
Holz (nicht erhalten)	Säulen. Wände. Türen
Lehmziegel	Mauern

Tabelle 2: Übersicht Baumaterialien

---

(25) V. Stürmer, Areal A: Die 'Villa der Lilien' In: Schäfer, Jörg: Amnisos. Nach den archäologischen, historischen und epigraphischen Zeugnissen des Altertums und der Neuzeit. Berlin 1992, Seite 143, Zeile 6
(26) Ebd.: Seite 142 (Abbildungen der Zeichen)
(27) Ebd.: Seite 140, Zeilen 21-22

3.5 Funde

Von der anzunehmenden Ausstattung und dem Inventar des Gebäudes, wie Möbeln, Textilien, Gerätschaften aller Art, Gebrauchsgegenständen aus Metall oder ähnlichem, hat sich material-bedingt bis auf einen Teil der Keramik und Teile der Fresken fast nichts erhalten. Dies muss man bei Rückschlüssen auf die Funktion der 'Villa' bedenken, die ja nur aus den Funden und der Architektur heraus erfolgen können. Denn diese ungünstige Überlieferungssituation, bei der fast das gesamte ursprüngliche Inventar vergangen ist, kann unseren heutigen Blick auf die Funktion des Gebäudes im ungünstigen Fall verengen und verzerren (so wie wir

Abbildung 10: Pithos aus der 'Villa der Lilien', H 30cm, SMIA

ja auch eine starke Verzerrung im Überlieferungsstand der Fundgruppen der materiellen Kultur haben) und zu Falschinterpretationen führen; auch besteht die Gefahr von Zirkelschlüssen.

Die 'Villa der Lilien' ist insgesamt also fundarm, und vom Inventar, das ursprünglich vorhanden gewesen sein muss, ist fast alles verbrannt, vergangen oder zu einem unbekannten Zeitpunkt dem Fundort entnommen worden. Diese Umstände beschränken die Deutungsmöglichkeiten hinsichtlich der Datierung und Funktion des Gebäudes. Gleichwohl stellen die Funde gleichzeitig einen wesentlichen Anhaltspunkt für die Datierung und Interpretation dar. Insgesamt lassen sich die Funde aus der 'Villa der Lilien' in zwei verschiedene Fundgruppen einteilen, nämlich in die Keramik und die Fresken.

Die gefundene Keramik wurde an zwei verschiedenen Stellen im Gebäude aufgefunden, nämlich in Raum 2 und in einem Durchgang zwischen Hof 7 a und Raum 8 (28). Es handelt sich um mindestens 13 Gefäße sowie Fragmente von mindestens 5 weiteren. Rekonstruiert wurden aus den Fragmenten Pithoi, Tassen, Skutheli, eine Kanne, eine 'Fire-Box', 'Jars' und ein Brückenskyphos (29). Die Keramik ist teils unbemalt, teils rötlich bemalt. Einige Gefäße weisen Reste von Bemalung auf (Horizontalstreifen, Spiralen, Gräsermotiv, Bänder). Ein Gefäß weist an der Oberfläche Brandspuren auf. Die gesamte Keramik wird in die Phase spätminoisch IA (SMIA) datiert. (30) Diese Datierung der Keramik bildet auch die Basis für die gesamte Datierung der zweiten Nutzungsphase des Gebäudes.

---

(29) V. Stürmer, Areal A: Die 'Villa der Lilien' In: Schäfer, Jörg: Amnisos. Nach den archäologischen, historischen und epigraphischen Zeugnissen des Altertums und der Neuzeit. Berlin 1992, Seite 219

(30) Ebd.: Seite 222, Zeilen 1-5

Die mit Abstand bedeutendste Fundgruppe aus der 'Villa der Lilien' stellen die Fresken dar. Diese wurden aufgefunden in der Vorhalle 7a (31), um die nördliche Säule herum verteilt. Den Grund für diese Fundlage muss man sich folgendermaßen vorstellen: Die Fresken waren angebracht in einer offenen Loggia des nicht erhaltenen Obergeschosses über Vorhalle 7a. Bei der endgültigen Zerstörung des Gebäudes, am Ende von SMIA, platzten Teile der Fresken von den Wänden und fielen auf den Fußboden der Loggia im Obergeschoss. Schließlich kollabierte zuerst der Boden dieses Bereiches um die nördliche Säule herum und, bedingt durch die Schräglage die dadurch entstand, fielen die Bruchstücke der Fresken auf diese Weise in das Erdgeschoss und sammelten sich um die nördliche Säule.

Es gibt heute zwei verschiedene Lösungsansätze zur ursprünglichen Anbringung der Wandmalereien. Der erste stammt von M.Cameron. Dieser postuliert einen geschlossenen sog. „Raum der Fresken", an dessen Nord-Süd-und Westwand sich die Wandmalereien befunden hätten.(32) Insgesamt gesehen ist dieser Lösungsansatz aber unsicher, und wo die Anhaltspunkte fehlen (z.B. architektonische), ergänzt Cameron rein komparativ, so aus Vergleichen zu anderen bildlichen Darstellungen zusätzlich z.B. noch eine weibliche antropomorphe Figur und eine Sitzbank, für die es aber im Befund überhaupt keinen Nachweis gibt.

Der zweite Lösungsansatz von V. Stürmer hingegen favorisiert die Anbringung der Fresken in einer bereits oben genannten, zur Westseite hin offenen, korridorartigen Loggia im Obergeschoss (33. Für das Vorhandensein solch einer Loggia sprechen unter anderem verschiedene architektonische Gegebenheiten und Überlegungen: so würde eine solche Loggia z.B. eine gute Verbindung darstellen vom Erdgeschoss zum Obergeschoss über die Treppe (Räume 5/16) (34), und die Räume im Obergeschoss über den Räumen 8/9 wären durch die Loggia gut zu erreichen (35), sowie auch weitere Bereiche des Obergeschosses (36). Auf diese Weise bilden die architektonische Struktur der 'Villa der Lilien` und architektonische Vergleiche zu anderen minoischen Bauten einen guten Anhaltspunkt für das Vorhandensein einer Loggia an dieser Stelle.

---

(31) Doniert, Evely: Fresco, a passport into the past. Minoan Crete through the eyes of Marc Cameron. Athens 1999, Seite 131, Zeile 5

(32) Ebd.: Seite 183 (farbige graphische Rekonstruktion des "Raumes der Fresken")

(33) V. Stürmer, Areal A: Die 'Villa der Lilien' In: Schäfer, Jörg: Amnisos. Nach den archäologischen, historischen und epigraphischen Zeugnissen des Altertums und der Neuzeit. Berlin 1992, Seite 145, Zeile 16

(34) Ebd.: Seite 145, Zeilen 24-29

(35) Ebd.: Seite 145, Zeilen 30-32

(36) Ebd.: Seite 146 Zeilen 1-5

Somit erscheint es wahrscheinlicher, dass die Fresken so angebracht waren, also an der Ostwand (die in Camerons Lösungsvorschlag nicht behandelt wird) und der Süd-und Nordwand (neben den Türen) eines Loggia-Korridors im Obergeschoss der 'Villa' (37).

Die Theorie von V.Stürmer bietet somit insgesamt bessere Gründe zur ursprünglichen architektonischen Anbringung der Wandmalereien als der Lösungsansatz von M. Cameron. Dafür spricht auch die bereits angesprochene Fundlage, die durch den Kollaps der Loggia beim Erdbeben/Brand gut zu erklären ist (38).

Die Fresken sind aus dem Obergeschoss auf den Boden des Erdgeschosses hinab gefallen, wo sie dann ca. 3500 Jahre bis 1932 liegenblieben. Bei diesem Vorgang erlitten die Fresken auch Brandschäden, wurden verfärbt und fragmentiert, also in kleine Stücke zersplittert und teilweise bis zur Nichtrekonstruierbarkeit zerstört.

Die Bruchstücke gehören zu mehreren verschiedenen Fresken, die zu drei verschiedenen Kunstwerken rekonstruiert wurden, nämlich dem Lilienfresko, dem Minzenfresko und dem Papyrusfresko. Es sind aber auch Fragmente noch weiterer Fresken gefunden worden, so z.B. eines zweiten Lilienfreskos, so dass eine friesartige ursprüngliche Anbringungsweise vermutet wird. (39)

Wie schon ihren Namen zu entnehmen ist, zeigen diese Fresken alle florale Motive, teilweise ornamental. Des weiteren haben sie eine intensive Farbgebung gemein. Zudem zeigen zwei der Fresken Andeutungen von Architekturelementen.

Das berühmteste Fresko, nach dem sogar das ganze Gebäude benannt wurde, in dem es gefunden wurde, ist das Lilienfresko (siehe Abbildung 11). Seine ergänzte Höhe beträgt etwa 180cm (40). Es ist gebildet aus den Farben Weiß, Dunkelrot, und Grün, welche teilweise durch graue Verfärbungen beeinträchtigt sind. Das Fresko zeigt im Vordergrund stark stilisiert drei lange weiße Lilien, die mit langen Stielen aus einem Büschel direkt auf der Bodenlinie entwachsen und an ihrer Spitze eine Anzahl von Blüten aufweisen. Die Darstellung dieser Pflanzen wurde auf eine ganz besondere Weise angebracht: es wurde nämlich zuerst der Putz aufgetragen, anschließend die Umrisse der Lilien aus dem noch feuchten Putz herausgeschnit-

---

(37) V. Stürmer, Areal A: Die 'Villa der Lilien' In: Schäfer, Jörg: Amnisos. Nach den archäologischen, historischen und epigraphischen Zeugnissen des Altertums und der Neuzeit. Berlin 1992, Seite 146, Zeilen 25-27

(38) Ebd.: Seite146, Zeilen 27-30

(39) Schiering, Wolfgang: Funde auf Kreta. Musterschmidt. Göttingen 1976, Seite 120, Zeilen 3-4

(40) Marinatos, Spyridon: Kreta, Thera und das mykenische Hellas. Hirmer Verlag. München 1986 (4. Aufl.), Seite 136, Zeile 16

Abbildung 11: Weiße Lilien im Blumengarten. Fresko aus der Villa in Amnisos. Höhe etwa 180 cm. Mittelminoisch III, um 1600 v. Chr.

ten (!), und dann die entstandenen Hohlräume mit weißem Feinputz ausgefüllt in einer Art Einlegetechnik (41) (dies ist sichtbar in Abbildung 12). Es handelt sich hier um eine ganz besondere, selten angewandte Technik.

Der Hintergrund des Lilienfreskos ist oben rot und unten weiß. Er ist durch ein dickes grünes Band, das auf dem Kopf stehende Stufen bildet, die von links und rechts kommen und sich in der Bildmitte treffen, in zwei Teile gespalten. Es stellt sich die Frage, ob dieses Motiv eine architektonische Struktur an, z.B. einen Garten, andeutet, Dieser Problemstellung widmet sich J.Schäfer sehr ausführlich und diskutiert Parallelen zu ähnlichen ägyptischen Darstellungen. Schäfer sieht insgesamt „[...] beinahe Züge eines verschlüsselten Spieles mit dem Thema des Gartens." 42).

Abbildung 12: Lilienfresko, Detail

Das Bildfeld wird unten von einem breiten grünen Streifen, oben von weißen, grünen und roten Streifen begrenzt. Begrenzungen zur Linken oder zur Rechten hin wurden nicht gefunden, bzw. waren vielleicht nicht vorhanden oder durch andere architektonische Elemente wie z.B Türen oder Wandecken gebildet. In der Darstellung der Lilienblüten, der Stengel und des Büschels, also in den floralen Motiven wird die insgesamt ziemlich strenge Gesamtsymmetrie des Bildes, die durch den geometrischen Hintergrund und durch die vertikale Zentrierung der Pflanze in der Bildmitte gebildet wird, leicht durch Unregelmäßigkeiten und Verschiebungen gebrochen. Gerade diese leichten Asymmetrien aber beleben das Bild. Das Lilienfresko ist eine Meisterleistung der Wandmalerei.

Ein weiteres Fresko aus der 'Villa der Lilien' wird als „Minzenfresko" bezeichnet (Abbildung 13). Es ist etwas größer als das Lilienfresko, aber schlechter erhalten, nämlich, wie in der Abbildung ersichtlich, in weniger Bruchstücken und stark brandverfärbt. Es weist die Farben weiß, grün und rot auf. Im Vordergrund befindet sich über hellem Boden, auf dem sich eine

---

(41) V. Stürmer, Areal A: Die 'Villa der Lilien' In: Schäfer, Jörg: Amnisos. Nach den archäologischen, historischen und epigraphischen Zeugnissen des Altertums und der Neuzeit. Berlin 1992, Seite 220, Zeilen 34-37

(42) J.Schäfer: Gärten in der bronzezeitlichen Kultur? In: M. Carroll-Spillecke u.a.: Der Garten von der Antike bis zum Mittelalter. Verlag Philipp von Zabern, Mainz 1992, Seiten 126, Zeilen 28-29

rote Art Stufe befindet, ein architektonisches Element in Form eines Sockel von grüner und weißer Farbe 2 mit Stufen. Aus der linken und rechten Seite der ersten Stufe entwachsen aus grünen Büscheln jeweils rote Lilien-oder Irispflanzen mit Blüten. Aus der zweiten Stufe, zentriert in der Bildmitte, entwachsen Minzenpflanzen. Dieses Element wird im Hintergrund in manchen Bereichen von wolkenartigen roten Strukturen umrahmt. Das Bildfeld wird oben

Abbildung 13: Minzenfresko, ergänzte Höhe 230cm, Breite 185cm

von farbigen Streifen begrenzt. Weitere Bruchstücke werden ergänzt zum sogenannten „Papyrusfresko". Dieses zeigt in der Rekonstruktion (Abbildung 14) vor hellem Hintergrund parallele orange Kreise in einer Doppelreihe, die ein fortlaufendes Band bilden. Diese Kreise sind wieder untereinander verbunden durch rote kleine „Verbindungskreise" bzw. Ringe. Zwischen den Kreisen wachsen in einem Winkel Papyrus-Blüten, die eine bläuliche Farbe und dunkle Konturlinien aufweisen, sowie eine Reihe von Punkten über der jeweiligen Blüte. Es handelt sich beim Papyrusfresko um einen Teil eines ornamentalen, dekorativen Frieses (43). Es ist aufgrund der schlechten Erhaltungslage und der nicht-figürlichen Natur nicht bekannt, ob das Fresko horizontal oder vertikal angebracht war. Die vertikale Anbringung wäre naturnäher, denn dann würden die Blüten nach oben zeigen und nicht zur Seite, wie in der horizontalen Version der Anbringung in der Abbildung 14. Allerdings stellte ja die Natur-oder Realitätsnähe nicht immer ein Kriterium für minoische Kunst dar, sondern wurde in dieser spielerisch und gestalterisch durchbrochen, um optische oder verständnistechnische Effekte zu erzielen.

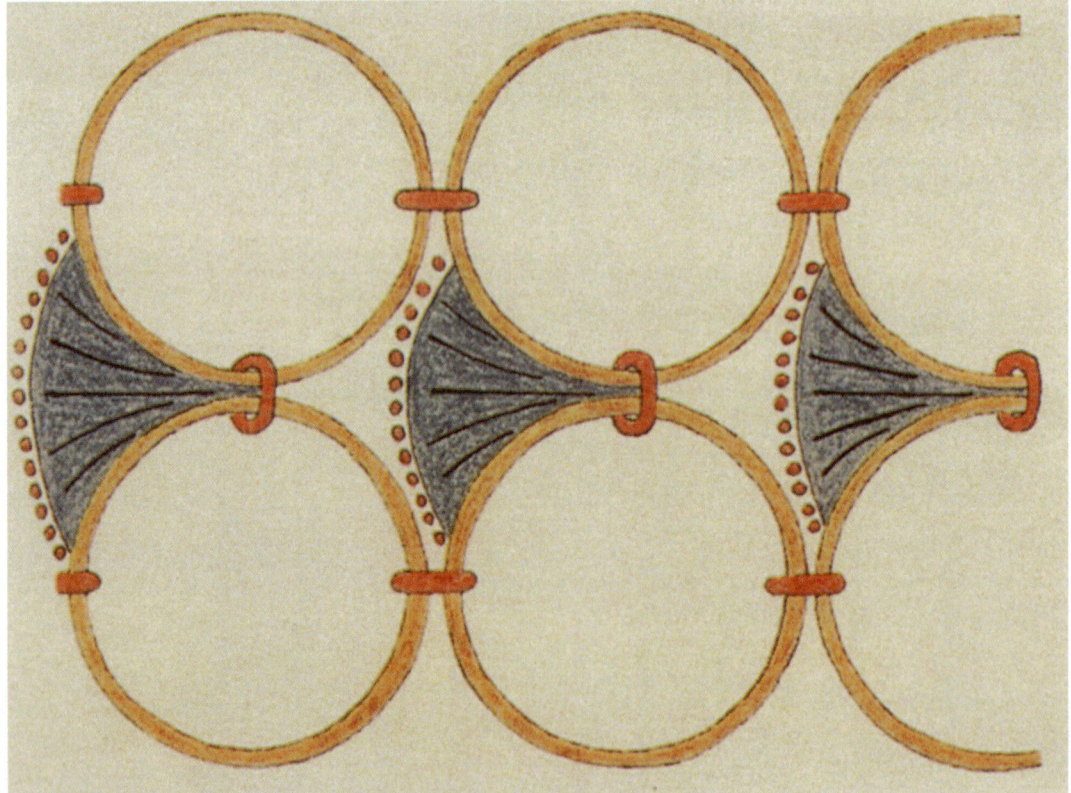

Abbildung 14: Rekonstruktion Papyrusfresko

---

(43) Doniert, Evely: Fresco, a passport into the past. Minoan Crete through the eyes of Marc Cameron. Athens 1999, Seite 183 (Rekonstruktion der Anbringung aller Fresken)

3.6 Datierung

Die Datierung der 'Villa der Lilien' wird zum einen vorgenommen anhand der stilistischen Einordnung der Fresken, zum anderen anhand der typologischen Analyse der in der 'Villa' gefundenen Keramik, die eingeordnet wird in die minoischen Keramikstile bzw. Phasen. Außerdem ist es möglich, der Klassifizierung von N. Platon folgend, das Gebäude grob in die sogenannte Neupalastzeit datieren, die von MM III bis SMIIIA1 dauerte, denn vor und nach dieser Zeit gab es kaum oder keine minoischen „Villen" und diese stellen sozusagen ein Phänomen der Neupalastzeit dar (44).

Das Lilienfresko wird oft verglichen mit einem Gefäß mit Liliendekor (Abbildung 15), das im Palast von Knossos gefunden wurde. Dieses weist wie das Lilienfresko aus Amnisos eine sehr ähnliche Darstellung mit drei weißen Lilien mit Blüten auf, die stark symmetrisch angeordnet einer Grundlinie entwachsen. Das Gefäß wird meistens in MMIII eingeordnet, so z.B. 1964 bei F. Schachtermeyer (45) und 1992 bei V. Stürmer (46). Demgegenüber steht ein neuester

Abbildung 15: Gefäß mit Liliendekor, aus Knossos

Abbildung 16: Akrotiri / Thera; Wandmalerei (Detail) in Raum Delta im Gebäudekomplex Delta; Rote Lilien

---

(44) Westerburg-Eberl, Sabine: Minoische Villen in der Neupalastzeit. In: Erbelding, Susanne [u.a.]: Im Labyrinth des Minos. Kreta - die erste europäische Hochkultur. Biering Brinkmann. München 2000, Seite 87, Zeilen 1-3
(45) Schachtermeyer, Fritz: Die minoische Kultur des alten Kreta. Stuttgart 1964, Seite 191, Zeile 3
(46) Stürmer, Veit: MMIII. Studien zum Stilwandel der Minoischen Keramik. Verlag Philipp von Zabern, Mainz 1992, Seite 164, Zeile 19-Seite 165, Zeile 8

Datierungsansatz im Knossos Pottery Handbook von 2007 durch Eleni Hatzaki, der das Gefäß mit Liliendekor chronologisch in SMIA stellt, und zwar unter anderem mit der Begründung, „The lily jars, however, […] closely resemble the LMI Amnisos Lily Fresco […]" (sinngemäß auf deutsch: "Die Lilienvasen aber stehen in enger Verbindung zum SMI Lilienfresko aus Amnisos."). (47)

Hatzaki rechnet somit das Gefäß mit Liliendekor und den gesamten dazugehörigen Fundkomplex in Knossos, der von Evans „Magazines of the Lily Jars" („Magazine der Lilienvasen") genannt wurde, nun zu SMIA und nicht wie bisher zu MMIII, (ebenso wie andere Funddepots). (48)

Es ist aber so, dass das Gefäß mit Liliendekor aufgrund stilistischer Vergleiche, z.B. mit anderen minoischen Wandmalereien, und einer bestimmten Formensprache, wie sie z.B. in der Form der Lilienblüten zum Ausdruck kommt, sonst zu MMIII gerechnet wird.

Hatzaki liefert keine Begründung, warum diese Einschätzung nicht mehr gültig sein sollte. Dasselbe Argument (den Dekor-Stil) zur Einordnung in eine andere Phase zu benutzen, erscheint nicht logisch.

Einen anderen Anhaltspunkt dafür, dass Hatzakis neuer Ansatz für die Vase mit Liliendekor und für Amnisos nicht zutrifft, liefern die Bauphasen der 'Villa der Lilien': Deren zweite, ärmliche Bauphase, gehört ja zu SMIA (Keramikdatierung). In dieser ärmlichen Phase wurde jedoch bestimmt kein prunkvoller, teurer Freskenschmuck angebracht, (49) der somit wahrscheinlich älter ist und in die erste Bauphase des Gebäudes fällt, für dessen Errichtung somit wieder MMIII passt.

Ebenso lässt sich die Teilzerstörung der 'Villa' - alle Teilaspekte wie Architektur, Fundzusammenhänge usw. zusammen genommen- am wahrscheinlichsten an die zeitliche Grenze zwischen MMIIIB und SMIA stellen, was ebenfalls für die MMIII-Theorie spricht.

Zu vergleichen sind die Fresken aus Amnisos auch mit einer Wandmalerei in der bronzezeitlichen Siedlung von Akrotiri auf Thera. Dort wurde ein Fresko gefunden, das „Raumumgreifende Frühlingslandschaft mit Schwalben" genannt wird und eine Vielzahl von Darstellungen

---

(47) Hatzaki, Eleni: Neopalatial (MM IIIB-LM IB): KS 178, Gypsades Well (Upper Deposit), and SEX North House Groups In: Momigliano, Nicoletta (Hrsg.): Knossos Pottery Handbook. Neolithic and Bronze Age (Minoan). British School at Athens Studies 14, 2007, Seite 173, Zeilen 74-79

(48) Ebd.: Seite 151, Table 5.1, Zeile 9

(49) V. Stürmer, Areal A: Die 'Villa der Lilien' In: Schäfer, Jörg: Amnisos. Nach den archäologischen, historischen und epigraphischen Zeugnissen des Altertums und der Neuzeit. Berlin 1992, Seite 223 Zeilen 1-3

roter Lilien aufweist (Detail in Abbildung 16). Bei diesem Fresko entwachsen wieder meist drei der Pflanzen in ähnlicher Weise wie in Amnisos, allerdings unsymmetrischer und somit etwas freier bzw. naturnaher und nicht so stark stilisiert, einer Felsenlandschaft.

Dieses Fresko von der Insel Thera wird datiert in die zweite Hälfte des 16. Jh. v. Chr. (traditionelle Chronologie). Bald darauf ereignete sich die Minoische Eruption und die Siedlung Akrotiri ging unter. Jünger kann die „Raumumgreifende Frühlingslandschaft mit Schwalben" somit auch nicht sein.

Auf der stilistischen Datierung anhand der Fresken aufbauend, wurde das Gebäude also frühestens 1700/1650 v. Chr. errichtet, dem Beginn von mittelminoisch III (MM III) in der traditionellen, kurzen Chronologie; oder frühestens 1800 v. Chr. errichtet, dem Beginn von mittelminoisch III (MM III) in der neuen, langen Chronologie (siehe Abbildung 17).

Dann muss das Gebäude bestanden haben bis zur ersten Teilzerstörung am Ende der ersten Nutzungsphase. Dieser Bruch ereignete am Übergang von MM III zu SMIA (50), das bedeutet in der traditionellen Chronologie 1600/1575 v. Chr., in der neuen Chronologie 1700 v. Chr.

Die erste Nutzungsphase dauerte somit wahrscheinlich etwa 100 - maximal 125 Jahre. Am Ende dieser Nutzungsphase, wie gesagt am Ende von MM III B und Übergang zu SM I A, wurde das Gebäude durch ein Erdbeben beschädigt, das Kreta erschütterte.

Es folgt die zweite, bescheidenere Nutzungsphase, die SMIA umfasst. Dabei handelt es sich, der traditionellen, kurzen Chronologie folgend um die Zeit von 1600/1575 v. Chr. bis 1500 v. Chr. Folgt man der neuen, langen Chronologie, dauerte dieser zweite Nutzungszeitraum von 1700 bis 1620/10 v. Chr. (siehe Abbildung 17).

Die zweite Nutzungsphase umfasst somit ca. 75-100 Jahre, ähnlich wie die erste. Am Ende von SM I A, also 1500 v. Chr. oder 1620/1610 v. Chr., wird das Gebäude dann endgültig zerstört (51) und verlassen, nie wieder aufgebaut und fällt bis 1932 dem Vergessen anheim (also ca. 3500 Jahre). Die endgültige Zerstörung der 'Villa der Lilien' steht, wie der Entdecker Spyridon Marinatos erkannte, im Zusammenhang mit der „Minoischen Eruption" von Thera bzw. Santorin. Dieser antike Vulkanausbruch muss auch in Amnisos eine schwere Katastrophe bewirkt haben, die zu einem Brand innerhalb der 'Villa' und zum Kollaps der Architektur führte. Dies ist an verschobenen, zerbrochenen, weggedrückten und gefallenen Steinen, sowie an den

---

(50) V. Stürmer, Areal A: Die 'Villa der Lilien' In: Schäfer, Jörg: Amnisos. Nach den archäologischen, historischen und epigraphischen Zeugnissen des Altertums und der Neuzeit. Berlin 1992, Seite 148, Zeile 31

(51) Schäfer, Jörg: Amnisos. Nach den archäologischen, historischen und epigraphischen Zeugnissen des Altertums und der Neuzeit. Berlin 1992, Seite 148, Zeile 31

Brandspuren an den Fresken, an verkohlten Holzresten, und vielleicht auch an Brandspuren an der Keramik feststellbar (die allerdings auch vom Gebrauch herrühren können). Der Erstausgräber Spyridon Marinatos fand z.B. noch einen originalen, sich an der ursprünglichen Stelle auf der Steinbasis aufrecht befindlichen, verkohlten Holzrest einer minoischen Säule (52).

Zusammenfassend ist zu sagen, dass die Datierung der ersten Bauphase der 'Villa der Lilien' sich voll auf die Fresken stützt und die Datierung der zweiten Phase sich sehr stark auf die Keramik stützt. Außerdem wird der Architekturbefund herangezogen. Leider bedingt die Fundarmut und die fehlende Ergrabung des direkten Umfeldes einen gewissen Unsicherheitsfaktor bei der Zeitstellung des Gebäudes, da eine Kontextualisierung fehlt.

Phase	traditionell		neu		
	ca. von	ca. bis	ca. von	ca. bis	
FM I	3300/3100	2700	3300/3100	2700	
FM II	2700	2250	2700	2250	VPZ
FM III	2250	2100	2250	2100	
MM IA	2100	1900	2100	2000	
MM IB	1900	1800	2000	1900	ÄPZ
MM IIA/B	1800	1700/1650	1900	1800	
MM III	1700/1650	1600/1575	1800	1700	
SM IA	1600/1575	1500	1700	1620/10	
SM IB	1500	1450	1620/10	1520/10	NPZ
SM II	1450	1420	1520/10	1460/50	
SM IIIA:1	1420	1380	1460/50	1420/10	
SM IIIA:2	1380	1330	1420/10	1360/30	
SM IIIB	1330	1200	1360/30	1200	EPZ
SM IIIC	1200	1050	1200	1050	
SubM	1050	990	1050	990	NaPZ

Abbildung 17: Chronologie und Bezeichnung der minoischen Kulturphasen in Zentralkreta

---

(52) V. Stürmer, Areal A: Die 'Villa der Lilien' In: Schäfer, Jörg: Amnisos. Nach den archäologischen, historischen und epigraphischen Zeugnissen des Altertums und der Neuzeit. Berlin 1992, Seite 132, Fußnote Zeile 9

4. Einordnung

Die 'Villa der Lilien' von Amnisos gehört zu einem Typ von minoischen repräsentativen Gebäuden, der in der Forschung „Minoische Villa" genannt wird. Dies stellt keinen exakt definierten Begriff dar, aber auf andere Weise ist eine Charakterisierung und Kategorisierung dieser Bauten noch nicht gelungen, weil sie große Unterschiede aufweisen, z.B. in der Größe. Insgesamt beschreibt dieser Begriff als Definition also minoische Gebäude mit „[...] herausragender, qualitätvoller Architektur und anspruchsvoller Ausstattung sowie Fundmaterial." (53) Eine andere Definition kann dadurch erfolgen, dass Gebäude, die in Architektur und Ausstattung über ein normales minoisches Wohnhaus hinausgehen, aber auch (noch) kein minoischer Palast sind, unter dem Begriff „Minoische Villa" zusammengefasst werden. Dann steht die 'Villa' sozusagen als Schnittstelle zwischen zwischen den normalen Wohnhäusern und den Palästen.(54) Ein weiteres wichtiges Merkmal der „Villen" besteht darin, „[...] dass alle diese Gebäude von größeren oder kleineren Siedlungen umgeben waren."(55) Es gibt mindestens 40 Minoische Fundorte, an denen 'Villen' gefunden wurden (siehe Abbildung 18). Die in der Abbildung erfolgte Unterteilung der 'Villen' in „palatial", „städtisch" und „ländlich", stellt eine von der Archäologin Sabine-Westerburg-Eberl vorgestellte Kategorisierung dar.

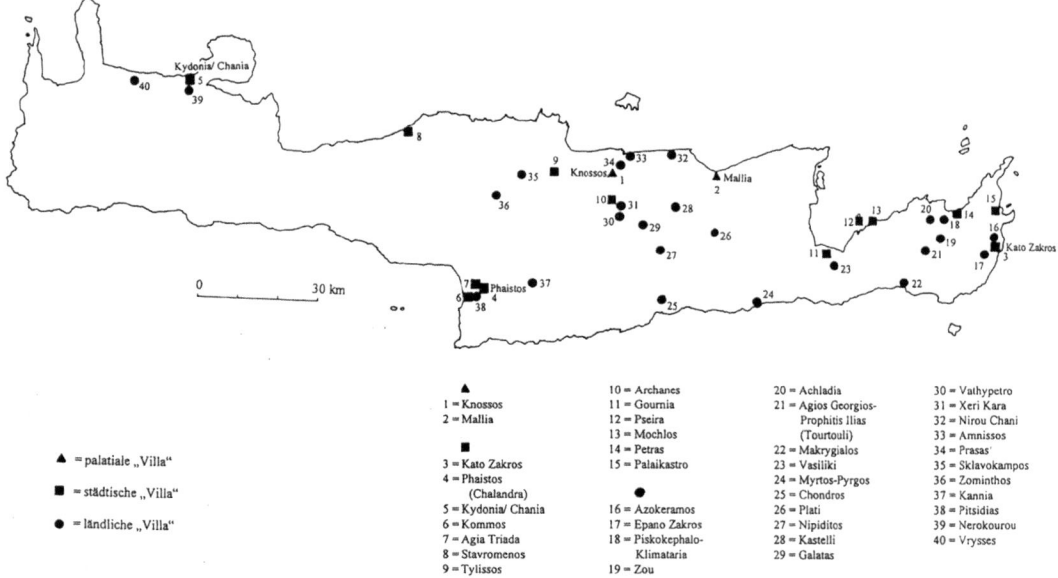

Abbildung 18: Minoische Villen der Neupalastzeit auf Kreta

---

(53) Westerburg-Eberl, Sabine: Minoische Villen in der Neupalastzeit. In: Erbelding, Susanne [u.a.]: Im Labyrinth des Minos. Kreta - die erste europäische Hochkultur. Biering Brinkmann. München 2000, Seite 87 Zeilen 26-28

(54) Ebd., Zeilen 3-5

(55) Ebd., Zeilen 17-18

Die 'Villen' konzentrieren sich in Ost-und Zentralkreta, während der Westen massiv unterrepräsentiert ist und nur wenige aufweist. Die Häufung in Zentral-und Ostkreta hängt damit zusammen, dass diese Inselteile gegenüber dem Westteil im Altertum dichter besiedelt waren. Es gibt Bauten an der Küste, im Landesinneren, sowie im direkten (in Knossos tangiert eine 'Villa' eine Mauer des Palastes) und weiteren Umfeld der Paläste. An einigen Orten, wie etwa in Tylissos und Knossos, gibt es mehrere 'Villen', an anderen, wie in Amnisos, wurde eine einzelne 'Villa' gefunden.

Die Problem, eine Definition für diese Art von Gebäuden zu finden, entspricht den Fragestellungen zur Funktion dieser Gebäudeklasse. Die einzelnen Ausgräber der 'Villen' benannten diese oft nach den vermuteten Besitzern bzw. rekonstruierten Funktionen. Deswegen sprach und spricht man bei den Bauten auch von „Herrenhäusern"(56), „Sommerresidenzen", „Landhäusern", „administrativen Subzentren" (57), „Gutshöfen" u.a. Für die 'Villa der Lilien' wurde z.B. vermutet: „Vielleicht diente dieses [...] Haus dem Badeaufenthalt. Vielleicht gehörte es dem König."(58) Es ist aber sehr fraglich, ob so konkrete Vermutungen über die Bewohner bzw. Nutzer zweckmäßig sind, denn sie können aus dem archäologischen Befund eindeutig nicht bewiesen werden. Und ob das minoische Kreta oder ein Teil davon von einem König regiert wurde, ist unbekannt (bzw. im Bereich der Sage).

Die 'Villen' wiesen also verschiedene Funktionen auf, die nicht immer sauber von einander zu trennen sind aufgrund teilweiser Multifunktionalität der Gebäude. Dazu gehören die

- Wohnfunktion (z.B. als Sitz eines Würden- bzw. Funktionsträgers der minoischen Gesellschaft)
- administrative Funktion, so gibt es z.B. Siegelfunde und Schriftfunde in Villen
- kultische Funktion, z.B. durch Funde von sakralem Gerät wie Doppeläxten u.a.
- wirtschaftliche Funktion, wie Funde von Handwerksgerät, die auf Werkstätten innerhalb der 'Villen' hinweisen und landwirtschaftliche Installationen wie Weinpressen u.a.
- und die repräsentative Funktion.

---

(56) Marinatos, Spyridon: Kreta, Thera und das mykenische Hellas. Hirmer Verlag. München 1986 (4. Aufl.),Seite 124, Zeile 1

(57) Westerburg-Eberl, Sabine: Minoische Villen in der Neupalastzeit. In: Erbelding, Susanne [u.a.]: Im Labyrinth des Minos. Kreta - die erste europäische Hochkultur. Biering Brinkmann. München 2000, Seite 87 Zeilen 21-22

(58)Marinatos, Spyridon: Kreta, Thera und das mykenische Hellas. Hirmer Verlag. München 1986 (4. Aufl.),Seite 41, Zeilen 13-14

Hinweise auf diese Funktionen sind gemäß der Definition des Begriffes 'Minoische Villa' (siehe Seite 27, Zeilen 5-6) also herzuleiten aus der Architektur, der Ausstattung und dem Fundmaterial derselben.

Die 'Villa' in Amnisos weist nun gewissermaßen in Architektur und Ausstattung herausragende, der Definition einer 'Villa' entsprechende Züge auf.

Andererseits ist aber auffällig, dass dort kein Fundmaterial entdeckt wurde, das auf handwerkliche oder mit der Landwirtschaft verbundene, wirtschaftliche Tätigkeiten hinweist, wenn man von der Keramik absieht, die aber auch als normale Haushaltskeramik interpretiert werden kann. In vielen anderen Villen gibt es nämlich durchaus solche Funde, so wurde z.B. in der 'Villa' von Vathypetron eine Weinkelteranlage aus Ton gefunden (59).

Ebenso fehlen in der 'Lilienvilla' Hinweise auf Handels- bzw. Redistributionstätigkeiten im Rahmen der minoischen Palastwirtschaft, die in anderen 'Villen' z.B. in Form von Ochsenhautbarren, oder Installationen für Vorratshaltung (wie z.B. in der 'Villa' von Nirou Chani, siehe Abbildung 20) vorliegen. Die 'Villa der Lilien' also „[...] hatte keine Magazine und Vorratsvasen, die sonst nie fehlen."(60).

Funde, die in den administrativen Bereich weisen, wie z.B. Linear A-Tafeln, Siegel oder Siegelabdrücke, wie sie unter anderem in den minoischen Villen von Agia Triada und Sklavokampos (61) gefunden wurden, fehlen in der 'Villa der Lilien' auch, genau wie jegliches Fundmaterial aus dem kultischen bzw. religiösen Bereich.

Diese, die Interpretation erschwerende Fundarmut ist mit bedingt durch die Zweiphasigkeit der 'Villa', die anscheinend einen Großteil ihrer Funktionen und ihres Inventars am Ende der ersten Nutzungsphase einbüßte.

Die spätere endgültige Zerstörung des Gebäudes am Ende von SMIA jedoch, findet auf Kreta Parallelen. So wurden zu dem Zeitpunkt, als die 'Villa der Lilien' unterging, anscheinend auch einige weitere 'Villen' zerstört bzw. verlassen, während an vielen anderen Beschädigungen auftraten, auf die Reparaturen folgten (62).

---

(59) Alexiou, Stylianos: Minoische Kultur. Musterschmidt-Verlag. Göttingen 1976, Seite 40, Zeilen 14-19

(60) Marinatos, Spyridon: Kreta, Thera und das mykenische Hellas. Hirmer Verlag. München 1986 (4. Aufl.), Seite 41, Zeile 12

(61) Westerburg-Eberl, Sabine: Minoische Villen in der Neupalastzeit. In: Erbelding, Susanne [u.a.]: Im Labyrinth des Minos. Kreta - die erste europäische Hochkultur. Biering Brinkmann. München 2000, Seite 94 Zeilen 16-17

(62) Ebd.: Seite 93, Zeilen 27-29

4.1 System von Betancourt / Marinatos

Der archäologische Befund, auf den die Ausgräber bei den 'Minoischen Villen' trafen, bildete die Grundlage für Klassifikationsversuche derselben, sozusagen die Einordnung der Gebäude in verschiedene Subkategorien. Aufeinander in Teilen logisch basierende, sich aber leider auch teilweise (auch in sich selbst) widersprechende Einordnungen erfolgten durch die Archäologen P.P. Betancourt und N. Marinatos; J. McEnroe und S.-Westerburg-Eberl.

Betancourt und Marinatos entwickeln basierend v.a. auf der Lage der Gebäude ein System, bei dem sie die 'Villen' in die Kategorien 1.„Country Villa"(="Landvilla"), 2.„Manorial Villa" (manorial=herrschaftlich") und 3.„Urban Villa"(urban=städtisch) unterscheiden (63). Die erste Kategorie bilden nach ihrer Meinung allein in der Landschaft stehende Gebäude, die zweite Kategorie Bauten, die eine (kleinere) Siedlung dominieren, die dritte Kategorie bilden solche, die sich in (größeren) Städten befinden. Es soll dabei auch das Phänomen auftreten, dass die „Landvillen" multifunktioneller sind als die „Manorial Villas" und die „Urban Villas" dann die stärkste Spezialisierung in den Funktionen aufweisen.(64) . Die 'Villa der Lilien' passt am ehesten in die 2. oder 3. Kategorie. Denn bei ihr fehlen zwar die Hinweise auf eine Multifunktionalität, was für eine stärker auf einen Aspekt spezialisierte Funktion des Gebäudes spricht. Andererseits wird es hier schwierig, denn um eine endgültige Entscheidung zwischen der 2. oder 3. Kategorie zu treffen, muss der Charakter und die Größe der Siedlung Amnisos ins Spiel gebracht werden. Ob man diese Siedlung nun als Stadt begreift oder als Vorort von Knossos oder doch als „kleineren" Ort, bildet hierzu die Fragestellung. Ebenso stellt sich die Frage, ob die 'Villa der Lilien' die Siedlung Amnisos dominierte. Dies ist zu verneinen, denn neben der 'Villa' gab es in Amnisos noch mehrere andere palatiale Bauten, die nur nicht ausreichend ergraben sind. Auch die Lage der 'Villa' spricht dagegen, denn sie lag am Ostfuß des Paliochora-Hügels und konnte somit von der westlichen Seite der Stadt überhaupt nicht gesehen werden, es fehlt also die optische Dominanz.

Da die 'Villa der Lilien' den Ort Amnisos also nicht dominierte, was eine Voraussetzung bildet für die Zugehörigkeit zur zweiten Kategorie von Betancourt und Marinatos, und da die Größe und Bedeutung der Siedlung Amnisos, sowie der enge Kontext zur großen Stadt und zum Palast von Knossos meines Erachtens auf keinen Fall unterschätzt werden sollte, passt die 'Villa von Amnisos am ehesten in die 3. Kategorie dieses Systems -"Urban Villa"-Stadtvilla.

---

(63) Betancourt, Philip P. And Marinatos, Nanno: The Minoan Villa. In: Hägg, Robin (Hrsg.): The Function of the „Minoan Villa" Proceedings of the Eighth International Symposium at the Swedish Institute at Athens, 6-8 June, 1992, Seite 91, Zeilen 45-49

(64) Ebd., Seite 92, Zeilen 7-12

4.2 System von McEnroe

Ein weiteres Ordnungssystem, diesmal allgemeiner für neupalastzeitliche Häuser, wurde aufgestellt von John McEnroe. Dieser unterscheidet die Typen I-III, die er aus einem komplexen Vergleich der Gebäude anhand von Größe, Bauart und Raumarten vornimmt und daraus eine Typologie zu entwickeln versucht. Anhand dieser Analyse versucht er die Gebäude in ihrem spezifischen Charakter zu erfassen. Grundlage der Klassifizierung bildet hier also die Architektur, und nicht wie im System von Betancourt und N. Marinatos der räumliche Kontext.

Beim Typ 1 handelt es sich dabei um die größten Gebäude, die sich durch bestimmte Arten von palatialen Räumen ('Lustralbad' usw.), bestimmte Raumarrangements sowie die räumliche Trennung von Wohn- und Arbeitsbereich auszeichnen und den Palästen nahestehen (65). Typ 2 bilden kleinere Gebäude mit einer durchschnittlichen Größe von 250-300qm, die teilweise ebenso palatiale Räume aufweisen können, aber keine Trennung von Wohn- und Arbeitsbereich aufweisen (66). Den dritten Typ bilden die mit einer durchschnittlichen Größe von 125 qm kleinsten Gebäude. Jene weisen überhaupt keine repräsentativen bzw. palatialen Räume auf.

Die 'Villa' von Amnisos gehört aufgrund ihrer Größe von ca. 515qm (ca. 24x21,5qm) und ihrer palatialen Gesamtarchitektur eindeutig zum Typ 1 in McEnroes Schema. Allerdings passt sie von daher nicht zu McEnroes Unterteilung, dass sie überhaupt keine als solche erkennbaren Arbeits- oder Handwerks- bzw. Wirtschaftsbereiche aufweist, wenn man vom „Küchentrakt" im Südosten und einer Feuerstelle aus Nutzungsphase 2 in Raum 6 absieht. Diese können aber beide zur Wohntätigkeit dazugerechnet werden (Wohnküche zur Eigenversorgung). McEnroe selbst rechnet die 'Villa der Lilien' auch zu Typ1 (67).

Die Archäologin Sabine-Westerburg-Eberl entwickelte eine Kategorisierung, die auf dem Siedlungskontext basiert (68) und somit gewissermaßen eine komplexere Weiterentwicklung des von P.P. Betancourt und N. Marinatos entwickelten Systems darstellt. Sie unterteilt die Gebäude in die drei Subklassen „palatial", „städtisch" und „ländlich" (siehe Abbildung 18). Die „palatialen Villen" definiert sie über die direkte räumliche Nähe zu einem Palast und das Fehlen von Vorratsbereichen, sowie prunkvolle Architektur und Ausstattung. Als Bestandteil

---

(65) McEnroe, John: A Typology of Minoan Neopalatial Houses. In: American Journal of Archaeology 86, 1982, Seite 6, Zeile 81-85

(66) Ebd., Seite 11, Zeile 29-34

(67) Ebd., Seite 5, Zeile 37

(68) Westerburg-Eberl, Sabine: Minoische Villen in der Neupalastzeit. In: Erbelding, Susanne [u.a.]: Im Labyrinth des Minos. Kreta - die erste europäische Hochkultur. Biering Brinkmann. München 2000, Seite 87 Zeile 37

4.3 System von Westerburg-Eberl

der Definition dieser Subklasse nennt sie ebenso das Vorhandensein der kanonischen Räume der minoischen repräsentativen Architektur, also einer Pfeilerkrypta (das ist ein kleiner Raum im Erdgeschoss mit Pfeilern), des „Lustralbades" sowie der Polythyronhalle oder Minoischen Halle.(69)

Die „städtischen Villen" als zweite Subklasse werden von Westerburg-Eberl hingegen charakterisiert als Gebäude, die sich innerhalb einer großen minoischen Stadt befinden und die (im Unterschied zu den „palatialen Villen" zusätzlich zu Elementen der 'Villenarchitektur' auch Wirtschaftsbereiche, wie Vorratsräume, Werkstätten etc. aufweisen.(70)

Als dritte Gruppe definiert sie die „ländlichen Villen". Diese stellt sie als in Architektur und Ausstattung bescheidener und nicht so sorgfältig ausgeführt dar, sowie beschreibt als Hauptmerkmal dass sie den „[...] Mittelpunkt einer Kleinsiedlung [...]" bilden.

Insgesamt sieht auch diese Klassifizierung eine Abstufung darin, dass die „palatialen" Gebäude kaum Hinweise auf Wirtschaftsfunktionen liefern, dass dies aber bei den „städtischen" Gebäuden stärker ist und bei den „ländlichen Villen" den Höhepunkt findet. Dies ist genauso wie in dem System von Betancourt und N. Marinatos, die ihre „Urban Villas" in die kultische und administrative Ecke rücken, während sie bei ihren „Country Villas" deren Wirtschaftsfunktionen betonen.

Bei dem System von Sabine Westerburg-Eberl wird die 'Villa der Lilien' von Amnisos zu den „ländlichen Villen" gerechnet (siehe Abbildung 18), was nun leider fast überhaupt nicht zum Gebäude passt. Denn die Hafensiedlung Amnisos als Kleinsiedlung zu charakterisieren ist schon zum einen schwierig, zum anderen jedoch stellte die 'Villa' ja, wie schon geschildert (auf Seite 30 unten), nicht deren Mittelpunkt dar. Westerburg-Eberl nennt auch die (Selbstversorgungs-)Wirtschaftsfunktion als wichtiges Merkmal der „ländlichen Villen" (deren Bewohner in der Landwrtschaft tätig gewesen seien), wofür es in der 'Villa' von Amnisos keine Belege gibt.

Es macht also keinen Sinn, das Gebäude zu den „ländlichen Villen" zu stellen, denn der Bau passt weder von seiner Lage noch von seiner Funktion dazu. Westerburg-Eberl rechnet ebenso die 'Villa' von Nirou Chani (siehe folgende Seiten) im Text zu den städtischen, in ihrer Abbildung aber zu den 'ländlichen' Villen.

---

(69) Westerburg-Eberl, Sabine: Minoische Villen in der Neupalastzeit. In: Erbelding, Susanne [u.a.]: Im Labyrinth des Minos. Kreta - die erste europäische Hochkultur. Biering Brinkmann. München 2000, Seite 88 ab Zeile 28

(70) Ebd.: Seite 90, Zeilen 15-19

4.4 Vergleich zu Nirou Chani

Aufgrund der räumlichen (7km östlich, ebenfalls am Meer gelegen, siehe Abbildung 1) und funktionellen Nähe (Kontext Hafensiedlung) bietet sich ein direkter Vergleich der 'Villa der Lilien' zur 'Minoischen Villa' von Nirou Chani an. Dieses Gebäude wurde 1981 durch den Archäologen Stephanos Xanthoudides ausgegraben, und 1960 erfolgten Restaurierungsarbeiten unter der Leitung von N. Platon, der auch einen Rekonstruktionsversuch für die Fresken von Amnisos geliefert hat.

Der Bau in Nirou weist verschiedene Gemeinsamkeiten zu dem in Amnisos auf. So wurde er wahrscheinlich ebenso in Mittelminoisch III (MM III) errichtet (71) und weist ebenfalls zwei

Abbildung 19: Nirou Chani. Bick auf den Polythyronsaal, von Osten

Nutzungsphasen auf. Einer schweren Beschädigung des Gebäudes bei dem Erdbeben am Ende von SMIA folgt ein Wiederaufbau, der ebenfalls wie bei der 'Lilienvilla' mit einer Funktionsänderung einhergeht: „[...] auch hier wurde die ursprüngliche Einheit des Baues aufgegeben und die Fläche am Ende der Nutzungsdauer in verschiedene Wohn- und Arbeitseinheiten unterteilt."(72), der repräsentative Aspekt also genau wie in Amnisos nicht mehr beachtet

---

(71) http://odysseus.culture.gr/h/2/eh251.jsp?obj_id=437 (abgerufen am 10.3.2011)

(72) Westerburg-Eberl, Sabine: Minoische Villen in der Neupalastzeit. In: Erbelding, Susanne [u.a.]: Im Labyrinth des Minos. Kreta - die erste europäische Hochkultur. Biering Brinkmann. München 2000, Seite 87 Zeilen 26-28

beim Umbau bzw. Wiederaufbau. Es findet sich in Nirou Chani auch die für 'Minoische Villen' übliche repräsentative Architektur mit der Bauweise mit rechteckigen Quadern, den gepflasterten Höfen und Räumen usw. Wie im Grundriss Abbildung 20 (Norden ist rechts vom Betrachter) ersichtlich, bewegen sich auch die Größe, - mit Gebäudelängen und -breiten zwischen 20m und 30m - und die rechteckige Form der beiden Gebäude in ähnlichen Dimensionen. Und analog zu Amnisos, weist Nirou ebenfalls einen Polythyronsaal mit den typischen Türwangenbasen (sichtbar in Abbildung 19) und der Säulenstellung auf (Raum Nummer 2 in Abbildung 20). Wie die Trep-

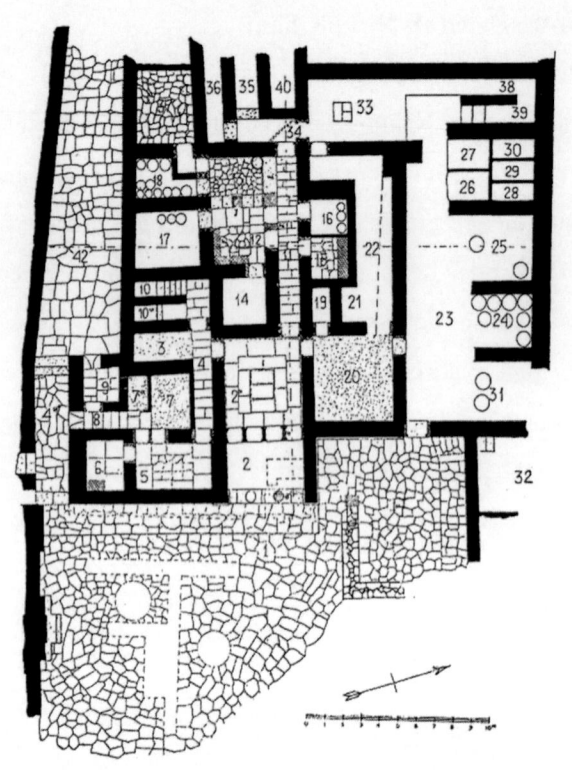

Abbildung 20: 'Villa' von Nirou Chani, Grundriss

penräume 10 und 10 a belegen, liegt eine Gemeinsamkeit der beiden Gebäude auch in ihrer Mehrstöckigkeit. Es findet sich in Nirou ebenso wie in Amnisos die kleinteilige Architektur, die architektonisch von größeren Bereichen, wie dem eben erwähnten Polythyronsaal, durchbrochen ist. Nicht zuletzt als Gemeinsamkeit zu nennen ist auch die Wandmalerei, denn es wurden auch in Nirou Chani Bruchstücke von Fresken gefunden, nämlich ein Fragment mit einem „Heiligen Knoten" darauf (73).

Gleichzeitig liegt aber ein wesentlicher Unterschied zu Amnisos in der Innengliederung der Räume. Dies fängt schon bei deren Anzahl an, denn während es sich in Nirou allein im Erdgeschoss um 40 Räume handelt, wurden in der 'Villa der Lilien' nur 14 Räume im Erdgeschoss gefunden (siehe Abbildung 5). Da die Gebäude ungefähr die gleichen Außendimensionen aufweisen, muss in Nirou eine viel kleinteiligere Architektur mit viel kleineren Räumen als in dem Bau von Amnisos vorliegen.

Außerdem lag der Haupteingang in Nirou im Osten und nicht im Westen, wie in Amnisos. In Nirou betrat man über einen großen, mit Schieferplatten gepflasterten Platz (Nummer 1 in Ab-

---

(73) Schiering, Wolfgang: Funde auf Kreta. Musterschmidt. Göttingen 1976, Seite 118, Zeilen 22-23

bildung 20) den Polythyronsaal, der so einen repräsentativen Eingang darstellte. Ein solch großer Vorplatz ist für Amnisos nicht nachgewiesen. Auch das Vorhandensein regelrechter Magazinräume (Nummern 17, 18, 24-32 in Abbildung 20), stellt eine Besonderheit in Nirou dar, die keinerlei Entsprechung bei der 'Villa der Lilien' findet und auf eine umfangreiche Wirtschaftstätigkeit in Nirou Chani hinweist. Einen bedeutenden Unterschied bildet ebenso das in Nirou fehlende „Lustralbad".

Die zur 'Villa' von Nirou Chani gehörigen Funde zeigen ebenfalls ein anderes Bild als die aus der fundarmen 'Villa' in Amnisos, denn sie weisen sehr auf eine kultische Funktion des Gebäudes. Zu den Funden gehören u.a. „[...] vier riesige Doppeläxte aus Bronze, über vierzig tönerne Dreifußaltärchen usw. [...]" (74). Darauf aufbauend kann man vermuten, dass es sich bei dem Gebäude (auch) um eine Art Tempel gehandelt haben kann.

Ein weiterer Unterschied liegt in der Zeitstellung der Bauten, nämlich darin, dass das Gebäude in Amnisos schon am Ende von SMIA, das Gebäude in Nirou aber erst am Ende von SMIB zerstört wurde. Während also die 'Villa der Lilien' aus unbekannten Gründen schon um ca. 1500 v. Chr. aufgegeben wurde, bestand das Gebäude von Nirou Chani noch weiter bis um 1450 v. Chr. (Daten nach traditioneller Chronologie).(75)

Zusammenfassend stehen den beiden Gebäuden neben einigen Gemeinsamkeiten in der Architektur und Bautechnik große Unterschiede in Raumaufteilung, Ausstattung und Fundmaterial gegenüber. Der Befund in Nirou wirkt insgesamt 'multifunktioneller' und spricht für eine variable Nutzung, denn es finden sich eindeutige Hinweise sowohl auf (Land)wirtschaftstätigkeit als auch auf Kulttätigkeit, was in Amnisos beides weitgehend fehlt. Gleichzeitig stellt eben diese Verbindung von religiösen und auf Wirtschaft hinweisenden Aspekten in Nirou Chani einen interessanten Zusammenhang dar. Denn während der Archäologe heute Heiligtümer, Tempel, Wirtschaftsbauten etc. als Bautypen oder Gebäudeklassen unterscheiden will, haben die Minoer diese Funktionen in ihrer Lebens-und Arbeitsrealität anscheinend zuweilen in einem Bau verbunden oder integriert. Insgesamt demonstrieren die bei einigen Gemeinsamkeiten großen Unterschiede zwischen der 'Villa' von Amnisos und der von Nirou Chani auch wieder den Fakt, dass unter dem Begriff 'Minoische Villa' Gebäude zusammengefasst werden, die unterschiedliche Funktionen erfüllten und eine unterschiedliche Architektur aufweisen.

---

(74) Schiering, Wolfgang: Funde auf Kreta. Musterschmidt. Göttingen 1976, Seite 118, Zeilen 19-21
(75) Westerburg-Eberl, Sabine: Minoische Villen in der Neupalastzeit. In: Erbelding, Susanne [u.a.]:
Im Labyrinth des Minos. Kreta - die erste europäische Hochkultur. Biering Brinkmann. München 2000,
93, Zeilen 19-30

5. Zusammenfassung

Da die 'Villa der Lilien' von Amnisos durch ihre Räume, Fassaden und Baumaterialien, sowie vor allem durch ihre stilistisch und künstlerisch herausragenden Wandmalereien einen Höhepunkt des frühen Minoischen Kulturwirkens auf der Mittelmeerinsel Kreta bildet, stellt die Frage nach der Deutung des Gebäudes einen wichtigen Gesichtspunkt dar.

Durch verwendetes Baumaterial und ausgeführte Bauweise mit den kanonischen Raumarten ist das Gebäude eindeutig der minoischen Villenarchitektur und dem in der Forschung definierten Bautyp „Minoische Villa" zuzurechnen. Dafür spricht auch die zeitliche Stellung des Gebäudes in die Neupalastzeit, dessen konkrete Datierung sich allerdings für die erste Phase (MMIII) vorwiegend auf die stilistische Datierung der Fresken, für die zweite Phase (SMIA) auf die Datierung der Keramik verlassen muss.

Innerhalb der Unterklassen des Gebäudetypes „Minoische Villa" passt der Bau von Amnisos, aufgrund seiner Lage innerhalb der Hafensiedlung, am besten zum Typ der „städtischen Villen" (nach Betancourt/Marinatos und Westerburg-Eberl) bzw. zum Typ1 in dem System von McEnroe, der die Bauten typologisch ordnet. Das Fehlen von Wirtschaftsräumen, sonst ein wesentlicher Bestandteil „Minoischer Villen" (76) bildet allerdings, genau wie die Armut an Fundmaterial, zu dem im weiteren außer den Fresken „nur" einige Keramikgefäße gehören, ein Hindernis bei der funktionellen Deutung der 'Villa der Lilien'. Denn die Definitionen der Unterklassen dieses Bautyps bauen unter anderem auf diesen Wirtschaftstrakten auf, die für die 'Villa der Lilien' nicht identifiziert werden können, was einen Sonderfall darstellt. In Nirou dagegen gibt es einen bedeutenden Wirtschaftstrakt und starke Hinweise auf Sakralfunktion.

Der topographische Kontext, der in der Nähe nach Osten hin die Villa von 'Nirou Chani', auf halbem Weg nach Knossos die 'Villa' von Prasas, sowie in der nahebei liegenden Stadt Knossos selbst weitere Villen, wie z.B. die sogenannte „königliche Villa" aufweist (alle in nur einigen Kilometern Entfernung), stellt das Gebäude von Amnisos in einen flächendeckenden, Zentralkreta durchziehenden Befund an palatialen Bauten.

Die Lage des Gebäudes kontextualisiert die 'Villa der Lilien' sehr eng zur Hafensiedlung Amnisos und deren weiteren Bauten, ohne dass diese Zusammenhänge leider im einzelnen genau erhellt werden können. Abgesehen von diesen offenen Fragestellungen bleibt der Befund des Gebäudes selbst, der auch im 21.Jahrhundert noch ein herausragendes Zeugnis der ersten Hochkultur Europas darstellt, der Minoischen Kultur der Ägäischen Bronzezeit, und dringend weiterer Erforschung, wie z.B Ergrabung des direkten Umfeldes, bedarf.

---

(76) Marinatos, Spyridon: Kreta, Thera und das mykenische Hellas. Hirmer Verlag. München 1986 (4. Aufl.)

6. Abbildungsverzeichnis

Abbildung 1: Karte von Kreta mit Eintragung der wichtigsten Gebirge, Orte und Fundstellen
Bildquelle: Marinatos, Spyridon: Kreta, Thera und das mykenische Hellas. Hirmer Verlag München, 1986, Seite 108 unten

Abbildung 2: Amnisos / Karteros. Topographischer Plan. Unterbrochene Linien: Hypothetische Wegführung nach Knosos.
Bildquelle: Schäfer, Jörg: Amnisos. Nach den archäologischen, historischen und epigraphischen Zeugnissen des Altertums und der Neuzeit. Berlin 1992, Tafel 120

Abbildung 3: Amnisos. Ausgrabungs-Areale am Paliochora-Hügel. M. 1:2000
Bildquelle: Schäfer, Jörg: Amnisos. Nach den archäologischen, historischen und epigraphischen Zeugnissen des Altertums und der Neuzeit. Berlin 1992, Tafel 121 (Detail)

Abbildung 4: Gesamtansicht nach Süden, Zustand 1983/1984
Bildquelle: Schäfer, Jörg: Amnisos. Nach den archäologischen, historischen und epigraphischen Zeugnissen des Altertums und der Neuzeit. Berlin 1992, Tafel 10.3

Abbildung 5: Plan der 'Villa der Lilien'-Amnisos
Bildquelle: Doniert, Evely: Fresco, a passport into the past. Minoan Crete through the eyes of Marc Cameron. Athens 1999, Seite 132

Abbildung 6: Aufgehendes Mauerwerk und Raumnummern
Bildquelle: Schäfer, Jörg: Amnisos. Nach den archäologischen, historischen und epigraphischen Zeugnissen des Altertums und der Neuzeit. Berlin 1992, Tafel 124 b

Abbildung 7: Orthostatenarchitektur: Vorne West- und Südwand der Räume 8 und 9, Blick ungefähr von Südwesten
Bildquelle: http://www.uk.digiserve.com/mentor/minoan/amnissos.htm (zuletzt abgerufen am 05.3.2012)

Abbildung 8: Rekonstruierter Grundriß der ersten Bauphase

Bildquelle: Schäfer, Jörg: Amnisos. Nach den archäologischen, historischen und epigraphischen Zeugnissen des Altertums und der Neuzeit. Berlin 1992, Tafel 124 a

Abbildung 9: Beispiel für ein Baumaterial: große grünliche Schieferplatten vor Raum 1, Blick ungefähr von Nordwest

Bildquelle: http://www.uk.digiserve.com/mentor/minoan/amnissos.htm (zuletzt abgerufen am 05.3.2012)

Abbildung 10: Pithos aus der 'Villa der Lilien', H 30cm

Bildquelle: Schäfer, Jörg: Amnisos. Nach den archäologischen, historischen und epigraphischen Zeugnissen des Altertums und der Neuzeit. Berlin 1992, Tafel 67.1

Abbildung 11: Weiße Lilien im Blumengarten. Fresko aus der Villa in Amnisos (Taf.64). Höhe etwa 180 cm. Mittelminoisch III, um 1600 v. Chr.

Bildquelle: Marinatos, Spyridon: Kreta, Thera und das mykenische Hellas. Hirmer Verlag München, 1986, Tafel XXIII

Abbildung 12: Lilienfresko, Detail

Bildquelle: Schäfer, Jörg: Amnisos. Nach den archäologischen, historischen und epigraphischen Zeugnissen des Altertums und der Neuzeit. Berlin 1992, Tafel 68.6

Abbildung 13: Minzenfresko, ergänzte Höhe 230cm, Breite 185cm

Bildquelle: **Schäfer, Jörg**: Amnisos. Nach den archäologischen, historischen und epigraphischen Zeugnissen des Altertums und der Neuzeit. Berlin 1992, Tafel 69.2

Abbildung 14: Rekonstruktion Papyrusfresko

Bildquelle: Doniert, Evely: Fresco, a passport into the past. Minoan Crete through the eyes of Marc Cameron. Athens 1999, Seite 131 links

Abbildung 15: Gefäss mit Liliendekor, aus Knossos Mittelminoisch III, um 1600/1580 v.Chr

Bildquelle: Marinatos, Spyridon: Kreta, Thera und das mykenische Hellas. Hirmer Verlag München, 1986, Tafel XXVI

Abbildung 16: Akrotiri / Thera; Wandmalerei (Detail) in Raum Delta im Gebäudekomplex Delta; Rote Lilien
Bildquelle: Doumas, Ch.: The wallpaintings of Thera. Thera Foundation 1992, S. 104 bis 107, Abb. 70 / 71 / 72 / 73 / 74 / 75 / 76

Abbildung 17: Chronologie und Bezeichnung der minoischen Kulturphasen in Zentralkreta
Bildquelle: Schäfer, Jörg: Amnisos. Nach den archäologischen, historischen und epigraphischen Zeugnissen des Altertums und der Neuzeit. Berlin 1992, Seite XXIII

Abbildung 18: Minoische Villen der Neupalastzeit auf Kreta.
Bildquelle:Erbelding, Susanne [u.a.]: Im Labyrinth des Minos. Kreta - die erste europäische Hochkultur. Biering Brinkmann. München 2000, Seite 88

Abbildung 19: Nirou Chani. Vila, „Minoische Halle" von Osten
Bildquelle: Erbelding, Susanne [u.a.]: Im Labyrinth des Minos. Kreta - die erste europäische Hochkultur. Biering Brinkmann. München 2000, Seite 89

Abbildung 20: 'Villa' von Nirou Chani, Grundriss
Bildquelle: Marinatos, Spyridon: Kreta, Thera und das mykenische Hellas. Hirmer Verlag München, 1986, Seite 138 oben links

7. Bibliographie

Marinatos, Spyridon: Anaskaphe Amnisou Kretes. In: Praktika tēs Akadēmias Athēnōn 1932

Schäfer, Jörg: Amnisos. Nach den archäologischen, historischen und epigraphischen Zeugnissen des Altertums und der Neuzeit. Berlin 1992

Stürmer, Veit: MMIII. Studien zum Stilwandel der Minoischen Keramik. Verlag Philipp von Zabern, Mainz 1992

Hägg, Robin (Hrsg.): The Function of the „Minoan Villa" Proceedings of the Eighth International Symposium at the Swedish Institute at Athens, 6-8 June, 1992

McEnroe, John: A Typology of Minoan Neopalatial Houses. In: American Journal of Archaeology 86, 1982

Erbelding, Susanne [u.a.]: Im Labyrinth des Minos. Kreta - die erste europäische Hochkultur. Biering Brinkmann. München 2000

Marinatos, Spyridon: Kreta, Thera und das mykenische Hellas. Hirmer Verlag. München 1986 (4. Aufl.)

Alexiou, Stylianos: Minoische Kultur. Musterschmidt-Verlag. Göttingen 1976

Geiss, Heinz: Reise in das alte Knossos. Prisma-Verlag. Leipzig 1981

Schachtermeyer, Fritz: Die minoische Kultur des alten Kreta. Stuttgart 1964

Doniert, Evely: Fresco, a passport into the past. Minoan Crete through the eyes of Marc Cameron. Athens 1999

Doumas, Christos.: The wallpaintings of Thera. Thera Foundation 1992

M. Carroll-Spillecke u.a.: Der Garten von der Antike bis zum Mittelalter. Verlag Philipp von Zabern, Mainz 1992

Robert Laffineur/ Lucien Basch (édités par):"Thalassa. L'Egée préhistorique et la mer." Actes de la 3e Rencontre égéenne internationale de l'Université de Liège, Station de recherches sous-marines et océanographiques, Calvi, Corse, 23-25 avril 1990

Schiering, Wolfgang: Funde auf Kreta. Musterschmidt. Göttingen 1976

Momigliano, Nicoletta (Hrsg.): Knossos Pottery Handbook. Neolithic and Bronze Age (Minoan). British School at Athens Studies 14, 2007